CHINA'S SE
DEMOGRAPHIC D

Research on the Development
of China's Second Demographic Dividend
from the Perspective of Active Aging

银发助力未来：

积极老龄化视阈下
中国第二次人口红利开发研究

李国君 ◎ 著

天津出版传媒集团

天津人民出版社

图书在版编目（CIP）数据

银发助力未来：积极老龄化视阈下中国第二次人口
红利开发研究 / 李国君著. -- 天津：天津人民出版社，
2024.9
ISBN 978-7-201-20484-0

Ⅰ.①银… Ⅱ.①李… Ⅲ.①人口老龄化－研究－中
国 Ⅳ.①C924.24

中国国家版本馆CIP数据核字(2024)第102670号

银发助力未来：积极老龄化视阈下中国第二次人口红利开发研究
YINFA ZHULI WEILAI : JIJI LAOLING HUA SHIYU XIA
ZHONGGUO DI ER CI RENKOU HONGLI KAIFA YANJIU

出　　版　天津人民出版社
出 版 人　刘锦泉
地　　址　天津市和平区西康路35号康岳大厦
邮政编码　300051
邮购电话　（022）23332469
电子信箱　reader@tjrmcbs.com

策划编辑　沈海涛
责任编辑　王　琤
封面设计　汤　磊

印　　刷　天津新华印务有限公司
经　　销　新华书店
开　　本　710毫米×1000毫米　1/16
印　　张　13
字　　数　200千字
版次印次　2024年9月第1版　2024年9月第1次印刷
定　　价　89.00元

前　言

随着全球人口老龄化程度的加深,老年人日益成为社会各界关注的焦点。发展适老产业,开拓老年消费市场,实现"老年消费红利",开发利用老年人力资源,增加老年人就业,实现"老年人才红利",将老年消费市场"需求端"与老年人力资源"供给端"相结合,开发"第二次人口红利",是中国政府积极应对人口老龄化的必然选择。2024年1月15日,中国国务院办公厅发布"国办发〔2024〕1号"——《国务院办公厅关于发展银发经济增进老年人福祉的意见》。该《意见》是国家出台的首个支持银发经济发展的专门文件,是中国政府实施积极应对人口老龄化国家战略,也是释放老年消费市场需求,推动经济高质量发展的必然要求。发展银发经济是中国式现代化的重要支撑。

随着社会发展和人类文明的进步,越来越多的国家和地区开始步入人口老龄化社会。人口老龄化是多种因素共同作用的结果,其中,人口出生率下降和人均寿命提高是最关键的两个要素。2022年,中国国民经济和社会发展统计公报①数据显示,全年出生人口956万人,出生率为6.77‰;死亡人口1041万人,死亡率为7.37‰;自然增长率为-0.60‰,全国人口比2021年减少85万人。自1962年以来,中国人口再次出现负增长。从人口

---

① 国家统计局:《中华人民共和国2022年国民经济和社会发展统计公报》(2023-2-28),https://www.stats.gov.cn/sj/zxfb/202302/t20230228_1919011.html。

再生产类型来看,中国已经进入"低低低"的现代型人口增长模式,即"低出生率、低死亡率和低自然增长率"。人口出生率下降导致的少儿系数降低与人均寿命增长导致的老年系数提高,共同导致中国人口年龄结构老化。[1]人口老龄化是经济社会发展的必然结果,也是不可逆转的人口年龄结构转型的客观趋势。人口老龄化并不是社会老化,而是社会进步。与年轻型社会和成年型社会相比,老龄化社会只是老年人口占比更高,并不代表社会老化。所谓"人口老龄化问题"或者"老龄化社会的挑战",并不完全来自老年人或者老龄化本身,更多的是变动中的人口年龄结构和既有社会经济结构之间持续互动的结果。[2]人口老龄化一方面对既有的社会经济结构带来严峻的挑战,另一方面为未来产业结构优化升级带来巨大的机遇。从老年人自身角度出发,"老有所为"是老年人的本能要求和愿望,在达到法定退休年龄退出劳动岗位后,利用自身积累多年的知识、技能和经验,继续为经济发展和国家建设贡献力量,实现"积极养老"。这既有利于开发利用老年人力资源,释放第二次人口红利,又有助于实现中国经济社会的高质量发展,同时,老年消费市场发展潜力巨大。发展适老产业,释放老年消费市场活力,扩大内需,拉动经济增长,为中国式现代化建设提供新动力。

2002年,第二届老龄问题世界大会[3]正式提出"积极老龄化"这一概念。积极老龄化是"健康老龄化"的升级,以"健康、参与、保障"为三大发展支柱,目的是提高老年人生活质量,增进老年人健康福祉。中国人民大学社会与人口学院邬沧萍、彭青云重新诠释了"积极老龄化"的内涵。

---

① 吴忠观主编:《人口科学辞典》,西南财经大学出版社,1997年。

② 胡湛、彭希哲:《应对中国人口老龄化的治理选择》,《中国社会科学》2018年第12期。

③ 联合国网站,https://www.un.org/zh/conferences/ageing/madrid2002。

"积极"不仅是积极地获得健康,也包括持续参与社会、经济和文化生活。①同时,"积极",不仅是老年人应积极参与,更体现为政府、研究者和社会大众都应积极参与其中。"健康",不仅包括身体健康,更包括精神健康及社会适应良好。"参与",不仅是创造物质财富的社会经济参与,更是创造社会价值的社会生活、志愿服务和家庭照料等其他类型的社会参与。"保障",不仅是物质保障,更应包括医养照护、社会救助、权益保障等。本书对中国第二次人口红利开发展开研究,以积极老龄化为背景,旨在通过对老年消费市场"需求端"与老年人力资源开发"供给端"两个方面的分析,实现积极老龄化"健康、参与、保障"三大支柱的发展,从而促进人口老龄化背景下中国经济社会的健康有序高质量发展,这对于全面建设社会主义现代化国家至关重要。

根据联合国的标准,一个国家或地区65周岁及以上老年人口占比达到7%,为老龄化社会;老年人口占比达到14%,为深度老龄化社会;占比达到20%,则为超级老龄化社会。②截至2000年,中国65周岁及以上老年人口占全国人口的比重为7%,③标志着中国开始进入老龄化社会;2021年,中国65周岁及以上老年人口占比14.2%,标志着中国已步入深度老龄化社会。随着人口出生率的下降和人均寿命的延长,中国正逐步走向超级老龄化社会,人口老龄化已经成为中国的基本国情。

党的十八大以来,中国立足国情,大力发展老龄事业,发布《国家积

---

① 邬沧萍、彭青云:《重新诠释"积极老龄化"的科学内涵》,《中国社会工作》2018年第17期。

② 梁中堂:《人口学》,山西人民出版社,1983年,第299页。

③《人口总量平稳增长 人口素质显著提升——新中国成立70周年经济社会发展成就系列报告之二十》(2019-8-22),中国政府网,https://www.gov.cn/xinwen/2019-08/22/content_5423308.htm。

极应对人口老龄化中长期规划》《中共中央 国务院关于加强新时代老龄工作的意见》等指导性文件。2020年,党的十九届五中全会提出"实施积极应对人口老龄化国家战略",积极老龄化由理论转化为实践,同时提出"积极开发老龄人力资源"。2021年11月,《中共中央 国务院关于加强新时代老龄工作的意见》指出,有效应对中国人口老龄化,事关国家发展全局,具有重要意义。[①]应对人口老龄化,需积极培育银发经济,满足老年市场需求;健全养老服务体系、老年人健康支撑体系;促进老年人社会参与;强化老龄工作保障等。[②]这些措施与第二届老龄世界问题大会提出的构建"积极老龄化"的"健康、参与、保障"三大支柱相契合。习近平在谈及"积极老龄化"时指出:"老年是人的生命的重要阶段,是仍然可以有作为、有进步、有快乐的重要人生阶段。"[③]

人口问题始终是我国社会主义初级阶段面临的全局性、长期性和战略性问题。人口老龄化是未来很长一段时间中国最基本的国情,人口问题事关国计民生、事关长远发展。[④]当前,中国人口结构与人口红利状况发生深刻变化,一方面,2022年中国人口总量开始下降,人口负增长将改变人口数量压力的结构,少儿人口压力减小的同时,老年人口压力不断增大。人口出生率下降与人口老龄化加速,导致传统人口数量红利逐渐减弱。另一方面,随着社会经济的发展,老年人身体健康状况和文化素质普遍提升,老

---

①《中共中央 国务院关于加强新时代老龄工作的意见》(2021-11-18),https://www.gov.cn/zhengce/2021-11/24/content_5653181.htm。

②《积极应对人口老龄化,激发老龄社会活力——国家卫健委相关部门负责人解读〈中共中央 国务院关于加强新时代老龄工作的意见〉》(2021-11-25),https://www.gov.cn/zhengce/2021-11/25/content_5653252.htm。

③《习近平关于尊重和保障人权论述摘编》,中央文献出版社,2021年,第124页。

④ 林宝:《准确把握积极应对人口变化趋势》,《经济日报》2023年4月19日,中国共产党新闻网,http://theory.people.com.cn/n1/2023/0419/c40531-32667848.html。

年消费市场蕴含巨大潜力,同时老年人力资源丰富,由老年人带来的第二次人口红利不断凸显。为有效应对中国人口老龄化的严峻形势,制定有效的人口政策,发展适老产业,开发老年消费市场,延迟退休,有效利用老年人力资源,开发第二次人口红利,迫在眉睫。2022年,中国人口出现负增长,很多人担心人口红利已经消失。对此,2023年3月13日,李强强调,人口红利既要看总量,更要看质量;既要看人口,更要看人才。人力资源丰富仍然是中国的突出优势。中国的"人口红利"没有消失,"人才红利"正在形成,发展动力依旧强劲。①

马克思指出,生产力的基本要素包括劳动者、劳动资料、劳动对象。②劳动者是生产力要素中最重要、最活跃的要素。劳动力的数量、质量及结构变化,是经济增长理论的核心议题。人口红利形成于人口结构转变的特殊时期,不会一直存在,随着人口结构的改变,人口红利必然减弱,直至消失。中国改革开放四十余年,依靠传统人口数量红利,实现了经济持续高速增长。2010年以后,中国人口红利进入"刘易斯拐点"③,传统人口红利逐渐消失,经济增长也随之放缓。第一次人口红利之后还会有第二次人口红利。第二次人口红利可以通过完善社会保障制度、扩大教育培训、提高劳动力质量来实现,并可以长期支撑中国经济增长。④

本书的研究内容包含七章。第一章,绪论。简单介绍研究背景和意

---

① 李强:《我国"人口红利"没有消失,"人才红利"正在形成》(2023-3-13),http://www.moe.gov.cn/jyb_xwfb/xw_zt/moe_357/jjyzt_2022/2022_zt18/yw/202304/t20230407_1054694.html。

② 徐光春等:《马克思主义大辞典》,崇文书局,2018年。

③ 发展经济学家刘易斯把劳动力需求增长速度超过劳动力供给增长速度,因而导致工资水平的上涨,作为经济发展进入新阶段的转折点,即"刘易斯拐点"。

④ 张晓雯、赵端:《迎接"刘易斯拐点"充分发掘人口红利——访中国社科院人口与劳动经济研究所所长蔡昉研究员》,《中国党政干部论坛》2010年第9期。

义、文献综述、研究思路与方法、创新点及不足。第二章，相关理论概述。该部分阐释了人口老龄化、积极老龄化、人口红利、老年人力资源等基本概念，梳理了人口理论、人口转变理论、生命周期理论、家庭储蓄需求模型、人力资源理论，以及中国的孝道文化。第三章，中国人口老龄化概况，详细介绍中国人口老龄化的现状、特征与发展趋势。第四章，实施积极应对人口老龄化国家战略，系统介绍中国共产党关于马克思人口思想的继承发展，习近平关于积极应对人口老龄化的重要论述，以及"实施积极应对人口老龄化国家战略"的提出。第五章，发展适老产业，开拓银发市场。这部分详细介绍中国老年人的收入状况、老年人消费现状及发展趋势，中国适老产业的再认识，适老产业发展过程中存在的问题、适老产业高质量发展对策。第六章，开发老年人力资源，延续人口红利。这部分详细介绍中国老年人力资源的现状、老年人力资源开发的现状、老年人力资源开发的特点、老年人力资源开发的意义。第七章，第二次人口红利开发的模式分析与对策建议。这部分详细介绍第二次人口红利开发的主体、需要处理好的四对关系、第二次人口红利开发的模式分析及对策建议。

本书的结论主要有以下四点：

第一，树立积极老龄观。人口老龄化是一个社会现象，而不是一个社会问题。随着经济社会的发展，人口老龄化应该是一个积极而有活力的进程。加强学习型社会建设，多措并举推进老年教育高质量发展，丰富老年生活，扩大老年健身、赛事活动的覆盖率，加强基础公共文化服务的针对性，为老年人积极参与经济社会发展提供更加有利的环境，为满足老年人的物质文化需求与自我价值实现提供全面保障，增强老年人社会参与意识。因此，树立积极老龄观为中国第二次人口红利开发提供理论基础。

第二，发展适老产业，开拓银发市场。中国第二次人口红利开发，不应仅局限于老年人力资源开发，更应积极开拓老年消费市场，发展适老产业。目前，中国适老产业发展依然存在诸多问题，如"养老事业"与"养老产业"界限不明显，企业介入不足、产业融合程度低，复合型养老人才缺乏，产品与服务同质化严重，老年消费市场可持续发展动力不足等。究其原因，主要是相关制度不够完善，养老机构服务不到位，养老金体系各支柱发展不均衡，社会公共养老服务能力不能满足有效需求等。在此背景下，针对适老产业发展存在的问题，提出有针对性的对策建议，积极开拓老年消费市场新领域，深入开发老龄日用品市场、住房消费市场、社区服务市场、教育消费市场、护理服务市场，以及文化旅游市场，必然有助于实现经济结构转型升级，促进经济社会的高质量发展，提升老年人的健康感。

第三，加强老年就业人员教育培训，有效开发利用老年人力资源。开发老年人力资源，促进老年人就业，有助于释放老龄人力资源红利，增进老年人精神与物质双重福祉，缓解养老金压力，减轻家庭和社会负担，缓解劳动力市场供需矛盾，促进社会和谐与经济发展，有助于提升老年人的参与感。

第四，加强组织实施，强化老龄工作保障。发展适老产业，开发利用老年人力资源，重在落实。只有加强党对老龄工作的领导，落实工作责任，广泛动员社会参与，加强人才队伍建设，完善相关支持政策，强化科学研究与国际合作，才能将中国第二次人口红利开发的保障落到实处。

目　录

第一章　绪论

第一节　研究背景

一、国际背景

人口问题事关百姓幸福、国家未来和民族兴衰,是经济发展的全局性、长期性、战略性问题。人类发展历程中,人口再生产类型经历了三个阶段。第一阶段出现在18世纪前,人口再生产类型的特点为"高高低",即"高出生率、高死亡率、低自然增长率";第二阶段为18世纪至19世纪末,人口再生产类型的特点转变为"高低高";第三阶段为19世纪末20世纪初以来,人口再生产类型进一步转变为"低低低"。1865年,法国60周岁及以上的老年人口占总人口的比重达到10%,成为世界上第一个老年型国家。随后,瑞典、挪威、英国等欧洲国家开始逐渐步入老龄化。20世纪70年代以后,老龄化逐渐扩大至亚洲、北美洲和大洋洲,欧洲、南美洲等被赋予"老年洲"之称。20世纪以来,人类进一步面临前所未有的人口转变。人口出生率下降不再局限于发达国家,部分发展中国家也开始出现人口自然增长率的停滞甚至是下降,人类社会不可逆转地朝着老龄化方向发展。截至20世纪中期,大多数发达国家均已步入老龄化社会。

人口老龄化问题是20世纪末最显著的社会现象之一,也是21世纪全世界要共同面对的社会问题。自1865年法国率先进入老龄化社会开始，发达国家陆续步入老龄化。而发展中国家对人口老龄化问题的认识相对较晚。为应对日益严峻的人口老龄化趋势，联合国、世界卫生组织、人口基金会等国际组织多次召开会议就老龄化问题进行商讨。

关于人口老龄化社会的界定，现在世界各国普遍遵循的是1956年联合国提到的标准，即65岁及以上老年人口数量占比超过7%。这一标准的制定，主要是基于发达国家经济发展水平、人均寿命、退休年龄规定等。由于《中国统计年鉴》在统计老年人数量及占比、划分人口结构、确定抚养比等数据时，采用的是65岁及以上为老年人的年龄划分标准，因此本书在确定人口老龄化程度时都是采用联合国的这一标准。

1977年，联合国为保障老年人的合法权益，保证老年人的平等机会，专门举办了一场世界老龄大会并制定相关法律法规。1978年，联合国大会第33/52号决议提出，老龄人口占世界人口比重不断增长，有必要提请全世界关注老龄化这一问题，并倡导于1982年召开老年人问题世界大会。1982年7月26日至8月6日，第一届老龄问题世界大会①在奥地利首都维也纳召开，这场大会引起了全世界对于人口老龄化问题的重视，共有124个国家和162个国际组织派出约1000人参加，中国也参加了这次大会。会议通过了《维也纳老龄问题国际行动计划》，这是第一个联合国系统老龄工作的文件，共包括62项建议，目的是让各国加强对人口老龄化问题的认识，进一步采取有效措施保障老年人的合法权益，保证老年人拥有平等工作机会。该提议得到联合国大会的认可。同时，大会倡导各国加强合作，尤其是发展中国家要积极加入合作，提高老龄工作国际行动的组织力和执行力。由于发展中国家与发达国家在经济发展水平、人均寿命等方面存在

---

① https://www.un.org/zh/node/171846.

一定差距,这次会议针对发展中国家专门制定新的人口老龄化标准,确定60周岁及以上老年人口占比超过10%,意味着该国家或地区进入老龄化。

第一届老龄问题世界大会召开后,人口老龄化问题逐渐受到世界各国关注。1990年12月14日,第45届联合国大会45/106号决议规定,每年的10月1日为"国际老年人日",目的在于提高人们对人口老龄化问题的认识。1991年12月16日,联合国大会通过《联合国老年人原则》,要求与会各国将"独立、参与、照顾、自我充实和尊严"五个方面的普遍性标准写入各国提案中。1992年,联合国召开第47届会议,专门讨论人口老龄化问题并制定"一个宣言一个目标",即《联合国老龄问题宣言》和《1992—2001年解决人口老龄化问题的全球目标》,宣言由31个国家共同提交,其中既包括发达国家又包括发展中国家(含中国),宣言重申《维也纳老龄问题国际行动计划》和《联合国老年人原则》,并决定将1999年作为"国际老人年",呼吁各国高度重视人口老龄化问题。同时,世界卫生组织发起"健康老龄化全球行动",健康老龄化理念由此诞生。

随着人口老龄化形势的进一步加剧,2002年4月8—12日,第二届老龄问题世界大会在西班牙首都马德里召开,大会提出了积极老龄化理念。①积极老龄化作为健康老龄化的升级,倡导"健康、参与、保障",从社会体系的角度出发,强调保障老年人的健康,支持老年人参与社会经济活动和其他社会活动,并保障老年人的合法权益。会议审议并通过"老龄化马德里政治宣言"和"老龄问题国际行动计划"等议题,呼吁将人口老龄化观念纳入各国发展战略;同时,世界卫生组织向大会提交《积极老龄化政策框架》,联合国采纳该提议,并列入《老年问题政治宣言》,将积极老龄化作为应对人口老龄化的有效措施。

---

① https://www.un.org/zh/conferences/ageing/madrid2002.

2003 年 12 月，老龄问题区域协商会议在维也纳召开，其主旨为落实《马德里行动计划》，同时指出，老龄化问题既存在于宏观层面，又存在于微观层面，与社会生活的各个领域相关。自 2004 年起，定期发布《联合国人口估计与预测》。2005 年，世界卫生组织召开世界卫生大会，通过《加强老有所为和增进老年健康》的决议，会议的主要议题为"健康"，并强调要提高应对老年健康问题的能力。2010 年，联合国大会成立老龄问题工作组，在全球推进应对人口老龄化的政策。2023 年 6 月 27—30 日，国际老龄联合会（IFA）在泰国曼谷举办第 16 次全球老龄大会，会议的第一个主题即为"老年友好型环境"，关注点集中在老年人的生存环境及老年人是否受到年龄歧视等。2023 年 10 月 14 日，首届老龄文明国际会议在中国江苏宜兴召开，主题为"老龄化与老龄文明"，旨在将"老龄化"推进为"老龄文明"，会议发表《老龄文明窑湖共识》，达成关于探索和构建老龄文明的重要共识。

人口老龄化是当今时代鲜明的全球性特点。2023 年 1 月 12 日，联合国发布《2023 年世界社会报告》指出，2021 年，全球 65 周岁及以上人口为 7.61 亿。[①]根据联合国人口基金《2021 世界人口状况》，2021 年世界人口总数为 75.97 亿。由此可见，2021 年，65 周岁及以上老年人数量占人口总数的比重约为 10.02%。根据联合国的相关标准，65 周岁及以上老年人占比超过 7%，即为老龄化社会；65 周岁及以上老年人占比超过 14%，则为深度老龄化社会。由此可见，人口老龄化问题已经成为全球共同面对的问题。《2023 世界社会报告》同时指出，到 2050 年，65 周岁及以上老年人数量将增加至 16 亿，且 80 周岁及以上老年人口增长速度将更快。在此背景下，各国

---

① 联合国：《世界人口老龄化，应重新考虑社会保障问题》（2023-1-13），https://www.un.org/zh/193220。

必须重视开发第二次人口红利,通过发展适老产业增强老年人的幸福感,实现消费市场的转型升级。通过推动老年教育产业发展,开发老年人力资源,增加老年人就业机会,增强老年人的参与感,同时,各国政府要积极采取措施,提高对老年人的保障。

人口结构对一个国家或地区的政治、经济、文化、社会和环境等都会产生影响,其中对经济的影响是最根本的。人口结构影响经济增长、收入分配、劳动力供给、生产消费、储蓄投资和产业结构等,从而影响经济社会的发展。自20世纪90年代以来,人口因素对经济增长的影响也日益受到学者的关注。1998年,布卢姆和威廉松率先对东亚国家人口结构转变与经济增长的关系进行研究,认为人口结构对经济增长具有重要影响。[①]由于适龄劳动人口的增长速度远远快于人口增长速度,从而提高了人均劳动率。即一个国家或地区,如果适龄劳动阶段人口居多,则可以产生额外生产力,形成促进经济增长的"人口数量红利",即"传统人口红利"。相反,少儿抚养比高,或者老年抚养比高,则会抑制经济增长。随着人口老龄化程度的加深,传统人口红利逐渐减弱甚至消失,在此背景下,开发"第二次人口红利",正确处理人口红利、人口转变与经济增长之间的关系对于经济可持续增长和高质量发展具有重要的理论价值和现实意义。[②]

二、国内背景

1978年中国实行改革开放后,经济保持强劲增长,2010年中国成为世界第二大经济体,与之同步,1978—2010年,中国劳动年龄人口持续增长,总抚养比持续下降,从而形成人口数量红利期。人口数量红利对经济的快

[①] Bloom D. E., Williamson J. G., Demographic Transitions and Economic Miracles in Emerging Asia, *The World Bank Economic Review*, 1998, 12(3): 419–455.

[②] 张双双:《中国人口老龄化对经济增长的影响研究》,山东大学硕士论文,2017年。

速增长具有显著的促进作用。根据人口转变规律,人口红利并不是永久性的,而是会随着人口结构的转变而转变。例如,日本、韩国等已经实现人口红利,而印度等国则正处于人口红利期。2000年,中国正式进入人口老龄化社会,人口出生率开始下降,人口年龄结构趋于老年型,并于2010年进入人口红利"刘易斯拐点",传统人口红利逐渐消失,经济增长也随之放缓。在此背景下,中国社会科学院人口与劳动经济研究所所长蔡昉认为,第一次人口红利逐渐消失之后还会有第二次人口红利。[①]由此可见,在中国老龄化程度不断加深的背景下,研究如何开发第二次人口红利,保持经济长期可持续发展,是一个值得深入思考的问题。

为积极应对中国日益严重的人口老龄化带来的社会问题,2012年,党的十八大提出:"积极应对人口老龄化,大力发展老龄服务事业和产业。"[②]2015年,党的十八届五中全会提出:"积极开展应对人口老龄化行动,弘扬敬老、养老、助老社会风尚,建设以居家为基础、社区为依托、机构为补充的多层次养老服务体系。"[③]2016年2月,习近平指出:"有效应对我国人口老龄化,事关国家发展全局,事关亿万百姓福祉。"[④]2019年11月,中共中央、国务院印发的《国家积极应对人口老龄化中长期规划》明确了积极应对人口老龄化的目标和任务。2020年10月29日,党的第十九届中央委员会第

---

① 张晓雯、赵端:《迎接"刘易斯拐点"充分发掘人口红利——访中国社科院人口与劳动经济研究所所长蔡昉研究员》,《中国党政干部论坛》2010年第9期。

② 中共中央文献研究室:《十八大以来重要文献选编(上)》,中央文献出版社,2014年,第29页。

③ 中共中央文献研究室:《十八大以来重要文献选编(中)》,中央文献出版社,2014年,第816页。

④ 《中共中央 国务院关于加强新时代老龄工作的意见》,人民出版社,2021年,第1页。

五次全体会议中提出:"实施积极应对人口老龄化国家战略。"①至此,"积极应对人口老龄化国家战略"由理论转化为实践。2021年7月,《中共中央 国务院关于优化生育政策促进人口长期均衡发展的决定》②对人口政策进行调整,实施三孩生育政策及配套支持措施,人口出生率持续下降与人口老龄化日益受到关注。

实施积极应对人口老龄化国家战略,是习近平新时代中国特色社会主义思想的重要组成部分,充分彰显了习近平治国理政新理念、新思想、新战略,是"四个自信"的具体表达。③当前我国人口结构进入现代化阶段,经济发展进入新阶段,坚持以人民为中心,开发第二次人口红利,积极应对人口老龄化,是我国建设社会主义现代化强国的国家战略,事关中华民族伟大复兴的实现,对于实现经济高质量发展、维护国家安全与社会和谐稳定,具有重大意义。④

第二节　研究意义

人口结构的转变必然影响家庭收支、企业决策,从而影响社会经济发展和国家的长治久安。中国目前人口再生产类型呈现"低低低"特点,人口

①《中共中央 国务院关于加强新时代老龄工作的意见》,人民出版社,2021年,第1页。

②《中共中央 国务院关于优化生育政策促进人口长期均衡发展的决定》,《人民日报》2021年7月21日。

③ 牟方志:《十八大以来中国共产党应对人口老龄化的理论与实践研究》,西南交通大学硕士论文,2022年。

④《坚持以人民为中心,积极应对人口老龄化——国家发展改革委负责人就〈国家积极应对人口老龄化中长期规划〉答记者问》(2019-11-22),https://www.gov.cn/xinwen/2019-11-22/content_5454389.htm。

结构进入老年型社会。在中国实施积极应对人口老龄化国家战略的背景下,本书基于人口理论、人口转变理论、生命周期理论、家庭储蓄需求模型、人力资源理论和中国的孝道文化等,重点研究如何通过发展适老产业,促进老年消费,同时开发利用老年人力资源,增加老年人就业,开启第二次人口红利。这对于中国积极应对人口老龄化、拉动经济增长、实现高质量发展,具有重要的理论和现实指导意义。

一、理论意义

人口老龄化是现代社会发展的必然趋势,已经成为全世界的普遍现象。几乎所有国家和地区的老年人口绝对数量及占比都在增加,这对于世界经济和社会发展必将产生广泛而深远的影响。[①]2022年7月11日,联合国发布的《世界人口展望2022》报告显示,近几十年来,人口生育率显著下降,2020年世界人口增长率下降至1%以下,预计在2022—2050年,将有61个国家或地区的人口减少1%甚至更多。同时65周岁及以上老年人口所占比重预计将由2022年的10%上升至2050年的16%,欧洲、北美洲、东亚地区人口老龄化程度会显著高于其他地区,届时这些地区每4个人中就会有1位65周岁及以上的老年人。[②]

早期经济学家对人口与经济增长关系的认识相对狭隘。布卢姆等人将人口与经济增长关系的研究归为三类,分别是人口增长与经济增长负相关的悲观说,人口增长与经济增长正相关的乐观说,以及人口增长与经济增长不相关的中性说。其中,悲观说产生相对较早,主要是从马尔萨斯理论衍生出来的早期发展经济说。[③]早期关于人口与经济增长关系

---

① 张福顺:《世界各国积极应对人口老龄化挑战》,《中国老年》2023年第7期。
② World Population Prospects 2022(2022-7-11), https://population.un.org/wpp/.
③ [英]托马斯·马尔萨斯:《人口原理》,陈小白译,华夏出版社,2012年。

的研究主要集中在人口数量规模与经济增长率的关系上。随着科学技术进步、经济社会发展、人口出生率下降及人口老龄化程度的不断加深，理论界对于人口与经济发展关系的研究逐步转移到人口年龄结构特征对经济增长的影响。关于人口老龄化、人口红利、人口结构转变的相关研究逐渐增多。1998年，布卢姆和威廉松率先对东亚国家人口结构转变与经济增长的关系进行研究，正式提出"人口红利"概念。[①]联合国人口基金会在《世界人口现状（1998）》中，正式使用"人口红利"一词。之后，这一概念逐渐得到学术界认同。"人口红利"理论从产生到现在不足三十年的时间，理论尚不成熟，仍存在许多争议与不同看法。与此同时，有学者提出"人口负债"这一概念，即劳动力年龄人口比重较低的情况。他们认为，随着人口出生率的下降和老龄化程度的加深，"人口红利"将被"人口负债"取代。这一观点是不正确的，人口老龄化不是一个社会问题，而是一个社会现象。

随着时代的发展，人口老龄化对社会经济发展带来挑战的同时，也会创造新的机遇。2006年，李和梅森提出"第二次人口红利"的概念，认为人口老龄化对于老年人力资源开发、老年人力资本和储蓄的积累等方面会带来积极影响。[②]国内最早提出"人口红利"理念的是杨云彦。1994年，杨云彦在《中国人口迁移与发展的长期战略》一书中提到，充分利用社会人力资源可以打开加快经济发展的"人口窗口"，后来，蔡昉、王德文、于学军、陈友华等人也开始对人口红利进行研究。目前，国内关于人口红利的研究主要有"结构论""期限论""因素论"等多种观点，从不同视

---

① Bloom David, Jeffrey G. Williamson, Demographic Transitions and Economic Miracles in Emerging Asia, *The World Bank Economic Review*, 1998, 12(3): 419–455.

② Lee Ronald, Andrew Mason, What is the Demographic Dividend?, *Finance and Development*, 2006, 43(3): 121–149.

角对"人口红利"的看法不尽相同。虽然人口红利理论破解了传统理论中的一些疑惑和误判,但是并没有成为经济增长理论探讨的主流。[1]在对中国实践进行深入研究时,人口红利学说揭示出新古典增长理论假说的局限性。[2]目前,学术界关于人口红利概念的内涵和外延的认识,以及人口红利与经济增长关系的研究尚存在不同的观点。尤其是中国的人口数量、人口结构和人口老龄化,都有自身特点,在利用人口红利观点进行分析的时候,也不能照搬国外的人口红利理论,而是要结合中国实践,对国外的人口红利理论批判性地兼收并蓄。我们有理由相信,深入研究中国人口结构与经济增长的关系,有助于修正人口红利理论的不足,丰富和发展这一研究范式。[3]

人口红利理论与其他经济学理论一样,是在特定时期针对特定问题给出特定解释,不可能在所有时点上放之四海而皆准。人口红利理论产生于人口转变与经济发展两个过程的特定阶段,其产生需要具备特定条件,当这一特定条件发生变化时,人口红利则会消失。随着中国人口老龄化程度的加深,很多学者做出中国人口红利消失的判断。

传统人口红利理论存在先天缺陷,一方面,必须结合中国国情对理论进行修正才能有效解释中国经济发展经验;另一方面,面对人口转变新阶段出现的新问题,传统人口红利理论给出的理论解释和政策建议不能令人满意。中国社会科学院人口与劳动经济研究所所长蔡昉指出传统人口红利理论的四个不足:

第一,传统人口红利研究范式与主流经济增长理论存在断层,从而降

---

① 蔡昉:《人口红利:认识中国经济增长的有益框架》,《经济研究》2022年第10期。

② 蔡昉:《新古典经济学思维与中国现实的差距——兼论中国特色经济学的创建》,《经济学动态》2010年第2期。

③ 蔡昉:《人口红利:认识中国经济增长的有益框架》,《经济研究》2022年第10期。

低了认识问题的广度和深度。

第二,传统人口红利研究范式注重从供给侧研究人口因素对经济增长的影响,对需求侧效应的研究尚未开展。劳动年龄人口达到峰值为人口结构的第一个转折点,此时,人口红利主要从供给侧对经济发展造成冲击,劳动年龄人口供给的减少使传统人口红利开始削弱;人口总量达到峰值为人口结构的第二个转折点,此时,人口红利对经济增长需求侧冲击效应更加突出。因此,只有将供给侧因素与需求侧因素结合起来,才能够增强人口红利理论的解释力。

第三,传统人口红利研究范式倾向于将人口红利永恒化。早期人口红利理论强调人口数量红利,将抚养比作为人口红利的定量指标。随着人口结构的改变,以李和梅森为代表的经济学家提出了第二次人口红利的概念并指出,随着第一次人口红利的消失,第二次人口红利随即出现并将永远存在下去。[①]目前的第二次人口红利理论,主要是强调保持高储蓄率从而保持经济增长,但是中国的现实情况不是储蓄不足,而是过度储蓄。因此,稳定储蓄率并不能在中国产生真正的人口红利。

第四,传统的人口红利研究范式,只是强调人口结构的变化对经济增长的影响,并没有回答如何有效保持并提高生育率,从而使生育率水平向更替水平回升。迄今为止,理论界对于生育率回升的关注相对较少,这一点也应得到人口红利理论的关注。

基于以上理论,我们可以看出,不论是传统的人口红利理论,还是第二次人口红利理论,都存在诸多问题。因此,本书结合中国国情,以中国人口老龄化为背景,以积极应对人口老龄化国家战略为依托,从老年消

---

① Lee Ronald, Andrew Mason, What is the Demographic Dividend?, *Finance and Development*, 2006, 43(3): 121-149.

费市场需求和老年人力资源供给两个角度出发,研究如何有效开发中国第二次人口红利,希望能够通过本书的研究,弥补传统人口红利理论和现有第二次人口红利理论的不足,丰富人口红利理论的相关研究,为深化人口红利理论研究提供参考依据,从而能够更好地认识中国的人口结构转变与人口红利问题,从而实现中国人口均衡发展,推动经济高质量发展。

二、现实意义

中国从1978年改革开放至2010年,劳动年龄人口数量增加,总抚养比下降,成功实现第一次人口红利,即人口数量红利,有效推动了经济增长。2010年传统人口红利进入"刘易斯拐点",经济增长速度同步减慢。劳动年龄人口数量开始减少,但是劳动人口质量显著提升。中国劳动力数量接近9亿人,每年新增劳动力数量超过1500万,而且中国接受高等教育的人口已经超过2.4亿,新增劳动力平均受教育年限达到14年。[1]中国劳动力资源依然丰富,人口红利并没有消失,"人才红利"正在形成,发展动力依旧强劲。为应对人口出生率下降以及人口老龄化加剧带来的社会问题,2013年中国正式开始实施"单独二孩"政策,是中国计划生育政策的重大调整。同时,"积极应对人口老龄化,发展老年服务产业"也被提上日程。[2]2016年起中国正式实施"全面二孩"政策。生育政策由"单独二孩"转为"全面二孩",是中国应对人口老龄化的一项重要举措。2021年"三孩政策"及配套

---

① 李强:《我国"人口红利"没有消失,"人才红利"正在形成》(2023-3-13),http://www.moe.gov.cn/jyb_xwfb/xw_zt/moe_357/jjyzt_2022/2022_zt18/yw/202304/t20230407_1054694.html。

②《中共中央关于全面深化改革若干重大问题的决定》(2023-11-27),http://www.npc.gov.cn/zgrdw/npc/xinzhuanti/xxgcsbjszqhjs/2013-11-27/content_1814720.htm。

支持措施落实。

从现实意义来看,人口出生率的下降与人口老龄化的不断加深,说明中国人口结构已经进入现代化阶段。为应对人口出生率下降,2013年的"单独二孩"、2016年的"全面二孩"、2021年的"三孩政策",是中国政府为应对人口老龄化带来的社会问题而实施的促进人口均衡发展的重要举措。实施积极应对人口老龄化国家战略,发挥老年人优势,大力发展适老产业,扩大老年消费市场,加强老年教育培训,开发老年人力资源,实现"传统人口红利"转向"新型人口红利","人口数量红利"转向"人口质量红利","第一次人口红利"转向"第二次人口红利","人口红利"转向"人才红利",深入挖掘老年人的现实价值,准确评估中国整体人口红利,推进"老龄人口积极化"。本书基于人口老龄化背景,讨论如何开发中国第二次人口红利,对实施积极应对人口老龄化国家战略,促进中国经济高质量发展具有重要的现实意义。

首先,开发老年人力资源,释放中国第二次人口红利,有利于积极应对人口老龄化国家战略的实施,是中国应对人口老龄化的重要举措。"积极老龄化"是"健康老龄化"的升级,强调"健康、参与、保障",其中"参与"既包括经济领域,又包括其他社会领域。随着经济发展、社会进步及健康水平的提高,老年人的健康状况与人力资本水平不断提高,就业能力与就业意愿稳步提升。开发老年人力资源,促进老年人就业,提高老年人社会参与度,释放第二次人口红利,是中国积极应对人口老龄化的重要举措。老年人继续从事与身体状况、知识能力相匹配的工作,一方面会减少老年人退休的失落感,提高老年人的幸福指数;另一方面也有助于提高老年人收入,缓解家庭养老压力与政府财政压力,同时有利于缓解劳动力短缺、用工难等社会问题,真正实现老有所为、老有所乐,以人口高质量发展支撑中国式现代化建设。根据《中国统计年鉴2023》的统计,2022年,中国人均预期寿命为

77.93岁。①按照年龄划分,60周岁及以上老年人口数量为28684万人,其中60~69周岁老年人口数量为15193万人(60~64周岁人口7196万人,65~69周岁人口7997万人),70周岁及以上老年人口数量为13491万人(70~74周岁人口5878万人,75~79周岁人口3593万人,80周岁及以上老年人口4020万人)。由此可以看出,中国60周岁及以上老年人口中,60~69周岁的低龄老年人口占比为52.97%。作为"50后""60后"的"新老人",很多低龄老年人都具备健康的身体,以及良好的知识、经验和技能。关于退休年龄的规定,中国目前依然使用国发〔1978〕104号《国务院关于安置老弱病残干部的暂行办法》和《国务院关于工人退休、退职的暂行办法》,退休年龄为男性60周岁、女干部55周岁、女工人50周岁。2021年,中国提出"逐步延迟法定退休年龄"。随着经济发展,生活水平提高和人均寿命的延长,延迟退休是必然趋势。但延迟退休不能搞"一刀切",而是要充分考虑中国国情,渐进式延迟。同时,政府应高度重视,积极引导,关注老年人行为层面及心理层面,强化老年人的社会价值与参与度,鼓励老年人再社会化,提高老年人的社会参与度,提高老年人的幸福感、健康感,从而实现积极老龄化的目标。

其次,将"需求侧"纳入第二次人口红利范畴,大力发展适老产业,开发老年消费市场,释放"银发经济"活力,不仅能满足老年人对美好生活的追求,同时有利于扩大内需、促进消费,为经济高质量发展增添新动力。消费、投资、出口是经济增长的三个重要因素,被称为"拉动经济增长的三驾马车"。目前,投资与出口需求有所下降,因此,"促进消费"成为中国经济的重要增长点。同时,经济增长需要新的引擎动力,即转方式、调结构、换

---

① 国家统计局:《中国统计年鉴2023》,https://www.stats.gov.cn/sj/ndsj/2023/indexch.htm.

动力"新三驾马车"。①转方式,即转变经济发展方式,"粗放型"转向"集约型","资源消耗型"转向"资源节约型",注重生产和资源配置效率的提高,才能实现经济的可持续高质量发展。调结构,即调整经济结构,包括调整产业结构、区域结构和城乡结构。通过调整产业结构推动产业转型升级,通过调整区域结构促进区域协调发展,通过调整城乡结构缩小城乡差距,优化资源配置,提高整体经济实力。换动力,即转换经济增长的动力,从"要素驱动"转向"创新驱动",提高自主创新能力,加强技术创新和人才培养,提高核心竞争力,增强经济发展的内生力。与"老三驾马车"相比,"新三驾马车"更加注重经济发展的质量,更加注重通过扩大内需拉动经济持续增长,这一点与习近平提出的"双循环"理论相契合。②随着中国老龄化程度的加深,老年消费市场占整个社会消费市场的比重不断提高。大力发展老年消费市场,释放"银色经济"活力,不仅可以让老年人老有所乐,提高老年人的幸福感,还可以有效扩大市场需求,拉动经济增长。

最后,在中国劳动年龄人口减少、人口抚养比提高、人口老龄化程度加深的背景下,研究第二次人口红利的开发,对其他发展中国家可以提供经验借鉴。人口老龄化已经成为普遍的社会现象,各国都需要积极采取相应对策。中国作为老年人口绝对数量最多的发展中国家,在传统人口数量红利下降的情况下,采取积极老龄化政策,开发第二次人口红利,实现经济高质量发展,积累了宝贵的经验,值得广大发展中国家借鉴。

综上所述,结合中国人口老龄化现状,分析中国第二次人口红利开发

---

① 高连奎:《"新三驾马车"经济增长理论——基于GDP"生产法"的乘法式经济增长模型研究》,《产业创新研究》2022年第3期。

② 2020年,党的十九届五中全会通过《中共中央关于制定国民经济和社会发展第十四个五年规划和二〇三五年远景目标的建议》,将"加快构建以国内大循环为主体、国内国际双循环相互促进的新发展格局"纳入其中。

模式,有助于弥补理论界关于"人口红利"认识的不足;同时依托老年消费市场的"需求端"与老年人力资源市场的"供给端"开发第二次人口红利,有助于缓解传统人口红利不足的现状,延长人口红利持续时间。

第三节　国内外理论综述

一、国外理论综述

(一)关于人口老龄化的相关理论研究

发达国家人口老龄化起步相对较早,因此对人口老龄化的研究相对较多,总结起来主要包括成功老龄化、生产性老龄化、健康老龄化和积极老龄化,其中,积极老龄化将在后文详细阐释。

1.成功老龄化

20世纪50年代美国学者哈维格斯特首先提出"成功老龄化"概念。1987年,卡恩等发表《人的老龄化:普通与成功》,将"成功老龄化"从"正常老龄化""普通老龄化"中分化出来。[1]约翰等人将"成功"的内涵边界扩展到"无疾病和残疾、身心机能正常、积极参与社会生活"三个维度。[2]"成功老龄论"基于社会学和健康学的角度,认为成功老龄是指老年人能够在个体及集体生活中得到最大程度的满意度和幸福感,同时社会可以维持不同年龄人群之间满意度的平衡。成功老龄化理念是对传统消极老龄理念的

---

[1] Havighurst R. J., Successful Aging, *Gerontologist*, 1961(1): 8-13.

[2] 侯蔺:《中国老年人积极养老支持体系研究》,西南财经大学硕士论文,2017年,第144页。

反驳,并有助于个体和社会资源的发展。①成功老龄化以身体健康为核心指标,以"老有所为""老有所成"为基本点。②伊丽莎白等认为,"成功老龄化"具有强烈的价值判断色彩。

2.生产性老龄化

1982年巴将勒提出"生产性老龄化"概念。③生产性老龄化认为,老年人仍具有较强的生产性和生产率,将老年人看作可以推动社会发展的人力和生产资源,主张在保持老年人健康的前提下,鼓励老年人从事生产活动。④马蒂尔达指出,老年人可以替代部分中青年人,以减轻年轻人劳动力和家庭角色的巨大压力。巴斯和卡罗在1992年的研究成果中也证明了这一趋势。应该看到,生产性老龄化强调老年人的"生产性""参与性",而忽略了"健康"与"保障"。"参与"与"健康""保障"是"一体两翼"的关系,"参与"是主体,"健康"与"保障"是两翼。如果不考虑"健康"和"保障",而是片面强调老年人的"参与",必然损害老年人的权益。因此,要正确处理好"生产性"和"非生产性"、价值理性与工具理性之间的关系。

3.健康老龄化

1987年5月召开的世界卫生大会第一次提出"健康老龄化"的概念。1990年,第40届世界卫生组织欧洲地区委员会会议在丹麦哥本哈根召开,第一次将健康老龄化作为战略问题提出。所谓健康老龄化,通常是指在老

---

① 郑华:《老年教育空间设计指南基于"成功老龄化理论"》,上海人民出版社,2017年,第10页。

② 牟方志:《十八大以来中国共产党应对人口老龄化的理论与实践研究》,西南交通大学硕士论文,2022年。

③ R. N. Butler and H. P. Gleason, *Productive Aging: Enhancing Vitality in Later Life*, Springer, 1985.

④ 王梓灼:《发达国家对老人的社会型规划——以"生产性老化"的韩国为例》,《当代韩国》2019年第3期。

龄化社会中,绝大多数老年人处于生理、心理和社会功能的健康状态,使社会发展不受过去人口老龄化的影响。[1]健康老龄化以健康作为主题,具体内涵包括老年人个体健康、老年人群体整体健康、老年人家庭健康、老年人经济健康和社会环境健康五个方面。[2]健康老龄化提出老年人的发展优先、老年人的健康与福利优先、保持切实可行的支持环境优先政策,称为三大优先政策。由于这三项政策以老年人利益最大化为出发点,因此在实践过程中容易引起代际冲突与社会冲突。在此背景之下,积极老龄化顺势推出。

(二)关于积极老龄化的相关理论研究

一是关于积极老龄化内涵的研究。1997年七国集团丹佛会议首次提出"积极老龄化",2002年世界卫生组织正式采纳"积极老龄化"的主张,并在第二届老龄问题世界大会上发布《积极老龄化:政策框架》,向全世界推广"积极老龄化"政策。积极老龄化是健康老龄化的升级版,将"健康、参与、保障"作为三大支柱。至此,积极老龄化逐渐被各国接纳,并为应对人口老龄化问题提供新的思路和政策。[3]许多学者和组织也从不同角度对积极老龄化的内涵进行分析研究。经济合作与发展组织指出,积极老龄化是指随着年龄的增长,人们在社会和经济领域促进生产活动的能力。[4]这一概念更加强调老年人的"参与",而忽略了"健康"和"保障"。有学者通过调查研究,提出积极老龄化要求老年人保持身心健康、参与休闲和社会活动、

---

① 王学义:《健康老龄化:人口老龄化的对策》,《西南民族学院学报(哲学社会科学版)》2002年第12期。

② 查瑞传:《人口学百年》,北京出版社,1999年。

③ 马瑞丽:《积极老龄化的理念与路径》(2023-12-29),中国社会科学网,https://www.cssn.cn/skgz/bwyc/202312/t20231229_5723482.shtml。

④ OECD. Live Longer, Work Longer, Paris, France, 2006.

维持社会关系与交往。①这一观点加深了对积极老龄化内涵原有的认识，除"参与"外，开始关注老年人健康。巴列斯特罗斯等人则从认知和情绪等心理层面出发，认为积极老龄化应重点关注老年人的心理需求。②

二是关于积极老龄化相关问题的研究。2009年，沃克对欧洲积极老龄化的起源历程进行阐述并得出结论，积极老龄化是应对人口老龄化的最主要政策。③鲍威尔认为，积极老龄化在鼓励老年人社会参与的同时，要时刻关注老年人的脆弱性；在挖掘老年人力资源的同时，要在政治经济等各方面给老年人提供支持，使他们在人生的后半阶段能够有效进行自我管理。④福斯特则认为，只有通过更新养老制度，逐渐延长工作年限、推行延迟退休，才能确保积极老龄化目标的实现，确保老年人权益得到保障。⑤

（三）关于人口红利的相关理论研究

1998年，布卢姆和威廉松首次提出"人口机会窗口"和"人口红利"的概念。⑥联合国人口基金会在《世界人口现状（1998）》中正式使用"人口红利"一词，这时的人口红利主要指人口数量红利，即人口年龄结构中，劳动力人口数量占大多数而带来的额外的生产推动力。此后这一概念逐渐被

---

① Bowling A., Enhancing Later Life: How Older People Perceive Active Aging?, *Aging and Mental Health*, 2008, 12(3): 293-301.

② Fernárdez-Ballesteros R., Robin J. M., Walker A., Kalache A., Active Aging: A Global Goal, *Current Gerontology and Geriatrics Research*, 2013:1-4.

③ Alan Walker, Commentary: The Emergence and Application of Active Aging in Europe, *Journal of Aging & Social Policy*, 2009(1): 75-93.

④ Jason L. Powell, Governmentality, Social Policy and the Social Construetion of Old Age in England, *Social and Humanistie Sciences*, 2014: 108-121.

⑤ Foster L., Active Aging and Pensions in the European Union, *Journal of Commparative Social Welfare*, 2012, 28(3): 223-234.

⑥ Bloom David, Jeffrey G. Williamson. Demographic Transitions and Economic Miracles in Emerging Asia, *The World Bank Economic Review*, 1998, 12(3): 419-455.

理论学界认同和使用。随着人口老龄化问题的加剧,劳动力人口数量减少,传统的人口红利逐渐减弱。因此,一些学者又提出"第二次人口红利"的概念。李和梅森把人口红利分解为第一次人口红利和第二次人口红利并认为,随着第一次人口红利的消失,第二次人口红利随即出现并将永远存在下去。①福冈分析了1965—1990年140多个国家的数据得出结论认为,老年人口数量占比的提高可以显著拉动经济增长。②梅森和衣笠发现东亚各国居民的存款水平与居民的寿命成正比。③第二次人口红利,又称为人口质量红利、人力资本红利、人才红利,即人力资本强化的红利。④

(四)人口红利与经济增长关系的相关理论研究

一是人口数量红利与经济增长的关系。1998年,布卢姆和威廉松采用实证分析方法研究东亚国家人口结构转变与经济增长的关系并指出,人口年龄结构转变为东亚经济奇迹做出了实质性贡献。⑤2002年,李指出,人口老龄化的加剧对经济发展产生负面影响。⑥2006年,李和梅森提出,

① Lee Ronald, Andrew Mason, What is the Demographic Dividend?, *Finance and Development*, 2006, 43(3): 121–149.

② Fukuda, S., R. Morozumi, Economic Growth under the Demographic Transition: A Theory and Some International Evidence in Onfr, *The Economics of an Ageing Population*, Edward Elgar Pub., 2004: 14–24.

③ Mason, A., T. Kinugasa, East Asian Economic Development: Two Demographic Dividends, *Journal of Asian Economics*, 2008(19).

④ Li G., Liang Y., Shen K., Assessment of China's Qualitative Demographic Dividend for Economic Growth During 2016–2020, *China Economist*, 2016, 11(1): 112–125.

⑤ Bloom D. E., Williamson J. G., Demographic Transitions and Economic Miracles in Emerging Asia, *Nber Working Papers*, 1998, 12(3): 419–455.

⑥ Ronald Lee, The Demographic Transition: Three Centuries of Fundamental Change, *Journal of Economic Perspectives*, 2002, 17(4): 128–149.

人口老龄化可以促进生产力水平的增长。[①]2006年,卡伦和巴蒂尼通过实证分析得出结论,认为伴随劳动年龄人口数量的增长,未来二三十年,人口红利将在推动发展中国家经济增长方面发挥积极作用。[②]2019年,艾买提和可汗指出,人口数量规模与劳动力参与率有助于促进经济增长,人力资本积累越高,经济增长就越快。[③]随着人口老龄化的加剧,学者们发现,人口红利期的积极作用发挥到极致必然会出现人口老龄化。[④]着眼未来,全球人口将存在下降趋势。如果未来人口规模持续下降,生活水平将停滞不前。[⑤]

二是人口质量红利与经济增长。1990年,贝克尔等人提出,降低生育率、提升人力资本水平将有利于经济增长。[⑥]2010年,李和梅森通过实证分析得出结论,在合理的模型参数下,低生育率将通过人力资本积累导致较高的人均消费,进而有利于经济增长。[⑦]2020年,布奇等人指出,人口增

---

① Lee Ronald, Andrew Mason, What is the Demographic Dividend?, *Finance and Development*, 2006, 43(3): 121-149.

② Callen T., Mckibbin W. J., Batini N., The Global Impact of Demographic Change, *IMF Working Papers*, 2006.

③ Ahmad M., Khan R., Does Demographic Transition with Human Capital Dynamics Matter for Economic Growth? A Dynamic Panel Data Approach to GMM, *Social Indicators Research: An International and Interdisciplinary Journal for Quality-of-Life Measurement*, 2019, 142(2): 753-772.

④ B. H. 巴尔苏科夫、张广翔、师成:《从人口红利到人口老龄化:系统性转型的世界趋势》,《社会科学战线》2021年第4期。

⑤ Jones C. I., The End of Economic Growth? Unintended Consequences of a Declining Population, *NBER Working Papers*, 2020.

⑥ Becker G. S., Murphy K. M., Tamura R., Human Capital, Fertility, and Economic Growth, *Journal of Political Economy*, 1990, 98(5, Part2): S12-S37.

⑦ Lee R., Mason A. Fertility, Human Capital, and Economic Growth over the Demographic Transition, *European Journal of Population*, 2010, 26(2): 159-182.

长率与生产增长率之间的关系取决于人力资本的稀释效应。稀释效应足够弱时,人口增长率与生产增长率正相关;相反,人力资本稀释效应足够强时,较快的人口增长会降低生产率增长。[①]2021年,达奥等人从教育水平入手,认为教育投资有助于增加平均人力资本,从而有利于实现发展中国家的技术进步和经济增长。[②]

二、国内理论综述

(一)关于人口老龄化的相关理论研究

2000年以前,中国人口结构属于相对年轻型,学者们对于人口老龄化的研究相对分散。2000年中国人口结构开始向老年型转变,人口老龄化问题日益受到学者们的关注,并取得大量研究成果,主要集中在以下三个方面:

一是人口老龄化的内涵及实质。1982年,中国参加第一届老龄问题世界大会,将人口老龄化概念引入国内。2013年,李志宏指出,从严格意义上说,人口老龄化是一个老年人口占比增加的过程,与人口结构属于年轻型、成年型或者老年型无关。[③]2020年,郑功成认为,人口老龄化是指受人均寿命延长及生育率降低的影响,导致老年人口占总人口比例相应增长的人口结构变化动态。[④]党俊武将人口老龄化分为有机老龄化和机械老龄

① Bucci A., Prettner K., Endogenous Education and the Reversal in the Relationship between Fertility and Economic Growth, *Journal of Population Economics*, 2020, 33 (3): 1025-1068.

② Dao N. T., J. Dávila, Greulich A., The Education Gender Gap and the Demographic Transition in Developing Countries, *Journal of Population Economics*, 2021, 34(2): 431-474.

③ 李志宏:《人口老龄化问题的本质和特征分析——兼论人口过度老龄化》,《老龄科学研究》2013年第2期。

④ 郑功成:《实施积极应对人口老龄化的国家战略》,《人民论坛(学术前沿)》2020年第22期。

化两种,中国的人口老龄化属于机械老龄化,即由于计划生育的实施,造成人口老龄化快速提前到来。不同于李志宏的观点,党俊武认为,人口老龄化就是出生率下降,老年人增多,从而造成人口年龄结构转变为老年型,并向高龄化迈进。①

关于人口老龄化的实质,邬沧萍认为,人口老龄化问题是在发展中产生的,也必然依靠发展去解决。②李志宏提到,只有通过发展,才能从根本上解决老龄问题。③党俊武则指出,人口老龄化问题本质上是重大的文化问题,同时也是金融问题。④人口老龄化、老年人问题、人口老龄化问题,都属于不同的概念,人口老龄化是一个动态过程,需要多层次、多角度把握其本质属性。

二是中国人口老龄化的特征及挑战。通常认为,中国人口老龄化的基本特征是"未富先老""未备先老"。需要指出的是,"未富先老"一词并不完全准确,郑志国于2023年在江汉论坛发表《中国人口老龄化的五个认识误区》,指出其中一个认识误区即"误判中国人口未富先老"。郑志国认为,用"边富边老"也许比较符合实际。因此,本书在引用早期学者的观点时,可能会提到"未富先老",但是在实际分析中国人口老龄化特点时,将采纳"边富边老"的表述。

陆杰华、穆光宗、姜春力等人将中国人口老龄化的特征总结为"两未三

---

① 党俊武:《老龄社会的革命:人类的风险和前景》,人民出版社,2015年,第7、27页。

② 邬沧萍、王萍:《积极应对人口老龄化》,《求是》2009年第7期。

③ 李志宏:《国家应对人口老龄化战略研究总报告》,《老龄科学研究》2015年第3期。

④ 党俊武:《构建适应老龄社会要求的文化理想初探》,《老龄科学研究》2013年第3期;党俊武:《老龄金融是应对人口老龄化的战略制高点》,《老龄科学研究》2013年第5期。

化"(未富先老、未备先老、少子化、高龄化、空巢化)。①陆杰华指出,中国人口又多又老成为贯穿21世纪的新国情。②姜春力认为,中国目前人口老龄化的基本现状体现在六个方面:一是农村老龄化程度高于城镇,二是东中西部地区老龄化程度差异明显,三是老年人口年龄集中在60~79周岁,四是女性老龄人口数量多于男性,五是城镇老年人口健康状况优于农村,六是农村"空巢"老人户多于城镇。③根据2020年第七次人口普查数据,林宝提出中国人口老龄化又呈现出五个新的特点:一是老龄化程度持续提高,二是老龄化速度明显加快,三是城乡差距快速扩大,四是老龄化区域差异进一步加大,五是老龄化速度与经济发展速度背离。④

三是人口老龄化发展阶段及预测。姜春力、陆杰华认为,中国人口老龄化程度可分为四个时期,即1999—2021年为人口快速老龄化阶段,2022—2035年为人口高速老龄化阶段,2036—2053年为人口深度老龄化阶段,2054—2100年为人口重度老龄化阶段。穆光宗认为,中国老龄化可以分为五个时段:2000—2005年,60周岁及以上老年人口平均每年增长0.12%,为人口老龄化的起步阶段;2006—2021年,60周岁及以上老年人口平均每年增长0.3%,为人口老龄化的加快发展阶段;2022—2034年,60周岁及以上老年人口平均每年增长0.69%,为人口老龄化的高速发展阶段;2035—2042年,60周岁及以上老年人口平均每年增长0.16%,为人口老龄化的缓慢发展阶段;2043—2050年,60周岁及以上老年人口平均每年增长

① 陆杰华、郭冉:《从新国情到新国策:积极应对人口老龄化的战略思考》,《国家行政学院学报》2016年第5期。

② 陆杰华、郭冉:《从新国情到新国策:积极应对人口老龄化的战略思考》,《国家行政学院学报》2016年第5期。

③ 姜春力:《我国人口老龄化现状分析与"十三五"时期应对战略与措施》,《全球化》2016年第8期。

④ 林宝:《积极应对人口老龄化:目标、内涵和任务》,《中国人口科学》2021年第6期。

0.47%，为人口老龄化的新快速发展阶段。①党俊武则认为,2013—2021年,是中国人口老龄化快速发展阶段;2022—2030年是中国人口老龄化的超快速发展阶段;2031—2053年是中国人口老龄化缓速发展阶段。②

(二)关于积极老龄化的相关理论研究

2015年,《国家应对人口老龄化战略研究总报告》指出,国家应对人口老龄化的战略理念是要树立"积极老龄观",战略方针是"发展、保障、健康、参与、和谐"③,与第二届老龄问题世界大会积极老龄观的三大支柱"健康、参与、保障"相契合。2017年,李志宏提出要以科学的发展的指导,树立"积极老龄观",做到"三个积极看待",即积极看待老年人、积极看待老年生活、积极看待老龄化。④2018年,陆杰华提出,新时代注重积极应对人口老龄化的顶层设计,探索更多新思路,分类指导,因地制宜,建构应对人口老龄化的战略构想。⑤2020年,党俊武提出,要树立积极老龄社会观和积极老年观,积极看待人生老年期,与老俱进,与老共舞。⑥同时,李志宏提出,"十四五"时期应当在"积极"上着力,实现视角和观念的转变,由老年期视角转向全生命周期视角,由偏人视角转向全人视角,由负担论转向财富论,由被动适应转向主动应对。⑦

---

① 穆光宗:《论我国人口生育政策的改革》,《华中师范大学学报(人文社会科学版)》2014年第5期。

② 党俊武:《老龄社会的革命:人类的风险和前景》,人民出版社,2015年,第33页。

③ 李志宏:《国家应对人口老龄化战略研究总报告》,《老龄科学研究》2015年第3期。

④ 李志宏:《中国特色老龄事业发展进入新时代》,《中国老年》2017年第23期。

⑤ 陆杰华:《新时代积极应对人口老龄化顶层设计的主要思想及战略构想》,《人口研究》2018年第1期。

⑥ 党俊武:《十大关键词解读"实施积极应对人口老龄化国家战略"》,《老龄科学研究》2020年第11期。

⑦ 李志宏:《"十四五"时期积极应对人口老龄化的形势及国家战略对策》,《老龄科学研究》2020年第8期。

(三)关于人口红利的相关理论研究

1.人口红利的概念

人口老龄化问题在2000年以后才引起中国学者的重视,因此中国对于人口红利的研究也大多在21世纪初期才开始。于学军(2003)[①]、蔡昉(2004)[②]、王德文等(2004)[③]和陈友华(2005)[④]等学者成为中国早期研究人口红利的代表。他们大多采用布卢姆等人关于人口红利的概念来解释中国人口结构转变与经济发展之间的关系,这一概念逐渐被国内学者接受并使用。因此,传统"人口红利",通常指"中间大、两头小"的人口年龄结构,"中间大"是指劳动力年龄人口占比高,"两头小"是指0~14周岁人口及65周岁以上老年人口数量少,这一人口结构必然有利于为经济发展提供大量劳动力,促进经济的高速发展。然而这一人口结构并不是自然形成的,而是由于中国自20世纪80年代为了控制人口过快增长而采取的计划生育政策。计划生育政策是中国的基本国策,是中国政府做出的正确决定,2007年《中共中央、国务院关于全面加强人口和计划生育工作统筹解决人口问题的决定》指出,中国实施计划生育以来,全国少生4亿人,提前完成人口再生产类型的转变,对中国的人口问题和经济社会发展问题起到不可忽视的积极作用。改革开放后至21世纪初期,中国经济的高速增长正是得益于人口数量红利。北京大学人口研究所穆光宗对于人口红利给出了不同的定义。穆光宗认为,人口机会窗口不等于人口红利,人口机会窗口是指

---

① 于学军:《中国人口转变与"战略机遇期"》,《中国人口科学》2003年第1期。

② 蔡昉:《人口转变、人口红利与经济增长可持续性——兼论充分就业如何促进经济增长》,《人口研究》2004年第2期。

③ 王德文、蔡昉、张学辉:《人口转变的储蓄效应和增长效应——论中国增长可持续性的人口因素》,《人口研究》2004年第5期。

④ 陈友华:《人口红利与人口负债:数量界定、经验观察与理论思考》,《人口研究》2005年第6期。

人口年龄结构"中间大,两头小"从而有利于经济社会发展,即人口负担较轻。只有人口负担较轻的机遇优势与人力资源开发结合起来,才可能产生人口红利。[①]

2.人口红利持续时间

大多数学者都认为人口红利具有时效性,存在于人口结构年轻型和成年型阶段,随着人口结构进入老年型阶段,人口红利将逐步减弱甚至消失,但是不同学者对于中国人口红利能持续多久存在不同的看法。

于学军、陈友华、田雪原等学者认为,中国自20世纪90年代开始进入人口红利窗口期,将维持40年左右的时间,即持续到21世纪30年代才会逐渐消失。[②]于学军将人口负担系数作为判断人口红利是否存在的指标,认为人口负担系数低于50%为人口红利期,如果人口负担系数高于50%则人口红利消失。按照这一标准,经测算,1990—2030年中国人口负担系数低于50%,因此得出中国人口红利将持续至21世纪30年代的结论。[③]陈友华将中国人口年龄结构与1957年瑞典的人口年龄结构进行比对,结论与于学军一致。[④]王丰、蔡昉等人则认为,中国的人口红利窗口期开始于20世纪80年代并在2013年左右逐渐消失。与于学军、陈友华、田雪原等学者不同,王丰、蔡昉等学者不是基于人口年龄结构指标这一静态数值,而是基于人口年龄结构的动态变化来判断人口红利是否消

① 穆光宗:《中国的人口红利:反思与展望》,《浙江大学学报(人文社会科学版)》2008年第3期。

② 于学军:《中国人口转变与"战略机遇期"》,《中国人口科学》2003年第1期;陈友华:《人口红利与人口负债:数量界定、经验观察与理论思考》,《人口研究》2005年第6期;田雪原:《21世纪中国发展:关注来自人口老龄化的影响》,《学习论坛》2006年第11期。

③ 于学军:《中国人口转变与"战略机遇期"》,《中国人口科学》2003年第1期。

④ 陈友华:《人口红利与人口负债:数量界定、经验观察与理论思考》,《人口研究》2005年第6期。

失。他们依据人口年龄结构是否发生转折来判断人口红利机会窗口是否消失。相比较而言,王丰与蔡昉的观点更符合中国实际。由表1.1可以看出,中国的经济增长率从改革开放后至2010年一直保持在相对较高的水平,同时期中国人口年龄结构属于年轻型和成年型。自2010年之后,中国人口年龄结构开始进入老年型阶段,国内生产总值增长率也开始逐步下降,2023年国内生产总值增长率为5.2%。[①]虽然国内生产总值的增长受到国内外诸多因素影响,但是劳动力年龄人口数量减少确实对经济增长带来了冲击,这也能够反映出传统人口红利逐渐消失。

表1.1 1980—2023年中国国内生产总值增长率

（单位:%）

年份	1980	1985	1990	1995	2000	2005	2010	2015	2019	2023
增长率	7.8	13.4	3.9	11.0	8.5	11.4	10.6	7.0	6.0	5.2

资料来源:国家统计局, https://data.stats.gov.cn/easyquery.htm? cn=C01&zb=A0208&sj=2023

注:由于2020年中国国内生产总值增长受其他因素影响,不具有普遍指导意义,因此采用2019年数据与其他年份进行比较。

3.第二次人口红利

蔡昉、穆光宗、胡鞍钢等中国学者对第二次人口红利的研究大多基于老年人力资源开发。[②]2009年,蔡昉在李和梅森提出的第二次人口红利的基础上,从劳动力供给和储蓄两个角度分析第二次人口红利,指出第二次

[①]《2023年中国GDP同比增长5.2%》(2024-1-17),https://www.gov.cn/govweb/lian-bo/bumen/202401/content_6926564.htm。

[②] 蔡昉:《未来的人口红利——中国经济增长源泉的开拓》,《中国人口科学》2009年第1期。穆光宗:《中国的人口红利:反思与展望》,《浙江大学学报(人文社会科学版)》2008年第3期。胡鞍钢:《中国人口经济版图当前真相——从六普数据看中国人口国情变化》,《人民论坛》2011年第16期。

人口红利不应局限于储蓄,同时应该重视老年人力资源开发,并在制度上加以保障,才有可能真正实现第二次人口红利。穆光宗认为,人口红利的实质是人力资源的积累及开发,人口红利的实现程度取决于人力资本的规模及利用效率。胡鞍钢等人指出,中国的人力资源红利能够有效抵消人口老龄化带来的不利影响,同时可以支撑经济的持续增长。

4.老龄人口红利

穆光宗(2011)将人口红利分为四种,包括人口更替红利、人口投资红利、人口转移红利和人口转型红利,并认为老龄人口红利即人口转型红利,特指老年人参与生产及其他社会活动而产生的价值贡献。[1]王红燕等则认为老龄人口理论的重点强调内容应该是老龄人口寿命和健康寿命预期延长,老龄人力资源和老龄人力资本存量增加。[2]杨燕绥等认为,老龄人口红利是由老龄人口的就业能力、纳税能力、消费能力和投资能力所组成的经济贡献率。将这种由储蓄推动经济增长的情形称为"第二人口红利"。[3]总体来看,以上三种观点对于老龄人口红利的定义不尽相同,但是中心思想一致,即利用老年人力资源,增加老年储蓄,为社会经济发展创造贡献。

5.银发红利

2013年中国老龄事业发展高层论坛提出,要促进养老事业和养老产业健康发展,让"银发浪潮"释放"银发红利"。[4]2019年,亚洲开发银行

---

① 《穆光宗对话姜全保:"人口红利之辩"》,《中国证券导报》(2011-3-7),https://news.pku.edu.cn/wyyd/dslt/139-194716.htm。

② 王红燕、项莹、杨华:《基于老年人口红利理论的城市低龄老年人力资源开发路径》,《人力资源管理》2015年第11期。

③ 杨燕绥、李学芳:《"创造"老龄人口红利》,《中国社会保障》2010年第5期。

④ 《让"银发浪潮"释放"银发红利"》,《中国财经报》2013年11月5日。

《2019—2020年亚洲经济一体化报告：人口结构变化、生产力和技术的作用》指出，帮助老年人改善健康状况、拓展技能、延长工作寿命，并促进职位匹配，老龄人口也可为该地区经济体带来福音。[①] 2023年，《今日财富》特色期刊发表文章《促进低龄老年就业 实现"银发红利"》，[②]此处的"银发红利"是由低龄老年就业实现的。

目前学术界关于"银发红利"的介绍非常少，在知网中以"银发红利"为主题，查阅到的真正提到"银发红利"的文章只有上述三篇。而且关于"银发红利"一词的使用并不相同，但是可以看出，银发红利既可以由开发老年人力资源来实现，也可以通过发展适老产业、推动老年消费市场发展来实现。不论是供给侧还是需求侧，老年人都蕴藏了丰富的老年人口红利。

三、理论综述评述

随着世界各国老龄化程度的加深，国内外学者对于人口老龄化、积极老龄化及人口红利进行了深入的研究。但是学术界对于人口红利的概念、范畴、持续时间，以及与经济增长关系的研究存在诸多不同看法。人口红利理论不可能放之四海而皆准。各个国家应结合自己的国情，判断人口红利是否存在及人口红利持续时间。在分析中国人口红利现状时，不应照搬国外人口红利理论，而应结合中国人口现状，提出适合中国国情的人口红利理论。

不论是国外的人口红利理论还是国内的人口红利理论，不论是传统的人口红利理论还是第二次人口红利理论，都存在诸多问题，因此，本文立足中国国情，在积极老龄化视阈下，将老年消费"需求侧"引入"第二次人口红

---

① 《亚行：科技或将亚洲经济体老龄化变成"银发红利"》，《国际融资》2019年第12期。
② 《促进低龄老年就业 实现"银发红利"》，《今日财富（中国知识产权）》2023年第3期。

利"的范畴,将"供给"和"需求"有机结合。在研究老年消费市场时使用"银发红利"一词,在研究老年人力资源开发时使用"老年人才红利"一词,两者相结合共同构成"中国第二次人口红利"的内容,为解决中国人口老龄化带来的社会问题与经济发展问题提供可行性建议。

第四节 研究思路与研究方法

一、研究思路

本书遵循"提出问题—文献回顾—理论基础—现状分析—问题分析—开发模式构建—对策建议"的研究思路。研究框图如图1.1所示。

图1.1 积极老龄化视阈下中国第二次人口红利开发研究框架图

二、研究方法

一是文献资料分析法。本书广泛搜集人口老龄化、积极老龄化、人口红利、老年消费市场、老年人力资源等方面的相关期刊、书籍、论文、政策性文件，梳理国内外相关文献。通过对各类文献资料的整理、分析、归纳，为分析中国第二次人口红利开发提供坚实的理论基础。

二是描述性统计分析法。利用历年《中国统计年鉴》《中国人口普查年鉴》《中华人民共和国国民经济和社会发展统计公告》等资料，运用比较分析、比率分析、指标折算等统计方法，制作各类图形和表格，刻画中国人口老龄化、老年消费市场、适老产业发展、老年人力资源供给，以及中国第二次人口红利的现状、特征、问题及发展前景等。

三是定性与定量相结合分析法。定性分析是定量分析的前提，定量分析使定性分析更加科学合理。本书在分析中国人口老龄化、老年消费市场、适老产业发展、老年人力资源供给及中国第二次人口红利现状时，力求将定性分析与定量分析相结合，以求做到论点正确、论据翔实，论证过程充分，并运用归纳和演绎的方法对研究内容去粗取精、去伪存真、由表及里，揭示内在规律。

四是逻辑与历史相统一分析法。历史是逻辑的基础，逻辑是历史的再现。本书将逻辑与历史相统一，充分论述新中国成立以来人口老龄化及人口红利的历史演变过程，对中国人口老龄化及人口红利现状进行理性反映。

五是跨学科综合分析法。本书以马克思主义理论为基础，综合运用经济学、法学（政治学、社会学、人口学）、历史学等多学科的相关知识，拓展与深化文章的研究视野与研究深度。

第五节　创新点及不足

一、创新点

人口红利对经济发展影响的研究一直没有成为经济学界的研究主流，甚至很多人认为中国人口红利已经消失。针对这种观点，李强指出，中国的人口红利没有消失，人才红利正在形成，发展动力依旧强劲。[1]人口红利不应仅局限于人口数量红利，更应该是人才红利、老龄人口红利、新型红利、人口质量红利。本书的第一个创新点就在于梳理关于人口红利的不同概念，给出一个清晰的第二次人口红利的概念，并对其内涵进行详细介绍。

正如蔡昉所说，传统的人口红利研究仅从供给侧关注人口因素对经济增长的影响，尚未从需求侧进行研究。[2]本书最大的创新点在于，将发展适老产业、拓展老年消费市场作为"银发红利"纳入第二次人口红利的范畴，从老年消费市场的需求侧与老年人力资源市场的供给侧两个角度分析中国第二次人口红利的现状、存在的问题，并从老年消费市场开发和老年人力资源供给两个角度构建中国第二次人口红利实践模式。

传统的人口红利理论更多的是强调人口结构变化对经济增长的影响。人口老龄化并不等于人口老龄化问题，人口老龄化问题也不等于老年人口问题。人口老龄化问题一方面是老年人口占比增加，另一方面是人口出生率下降，传统的人口红利理论更多地将关注点放在老年人身上，而忽略了

---

[1] 李强：《我国"人口红利"没有消失，"人才红利"正在形成》（2023-3-13），http://www.moe.gov.cn/jyb_xwfb/xw_zt/moe_357/jjyzt_2022/2022_zt18/yw/202304/t20230407_1054694.html。

[2] 蔡昉：《人口红利：认识中国经济增长的有益框架》，《经济研究》2022年第10期。

对于人口出生率的关注,更没有回答如何提高生育率,使生育率水平向更替水平回升。而本书在提出第二次人口红利开发的对策时,提出继续完善人口政策,通过继续完善人口政策配套措施来解决人口出生率持续下降的问题。

二、研究的不足

本书主要采用文献资料分析法、描述性统计分析法、定性与定量相结合分析法等,受客观条件限制,资料的搜集工作比较困难,因此没有采用实证分析方法,在今后的研究中将补充完善。

本书虽然创新性地构建了老年消费市场、老年人力资源开发的模型,对于如何开发老年人口红利提出多维度的建议,但是人口结构变动是一个动态的过程,不同阶段人口红利开发的研究不可能一成不变,而是要与时俱进,因此,在今后的研究中会进一步补充完善第二次人口红利的作用途径与影响机制。

数字经济时代,发展适老产业,开拓老年消费市场,利用老年人力资源,开发第二次人口红利都离不开数字技术的支持,利用云计算、大数据、人工智能和元宇宙等数字时代的新科技来支持第二次人口红利开发具有重要意义,本书对于数字时代和数字技术的应用没有深入进行分析。

第二章　相关理论概述

第一节　相关概念

一、人口老龄化的相关概念

(一)老年人口、少儿人口与劳动年龄人口的划分

1.老年人口

老年人口是指处于老年年龄界限以上的人口。[1]"年龄界限"包括五类划分方法：日历年龄(实际年龄)、社会年龄(印象年龄)、生理年龄、心理年龄、智力年龄，[2]国际上普遍采用日历年龄。国外通常以65周岁作为老年年龄的界限，即65周岁及以上的人为老年人；国内通常以60周岁作为老年年龄的界限，即60周岁及以上的人为老年人。老年人口又可以具体划分为低龄老年人口(60~69周岁)、中龄老年人口(70~79周岁)、高龄老年人口(80周岁及以上)。

由于发达国家与发展中国家的经济发展水平、平均预期寿命、退休年龄等存在显著不同，联合国同时使用60周岁和65周岁这两个老年人口的

---

① 吴忠观主编：《人口科学辞典》，西南财经大学出版社，1997年。

② 穆光宗：《有关人口老龄化若干问题的辨析》，《人口学刊》1997年第1期。

年龄起点。本书在研究过程中,也不能做到对该年龄起点完全保持一致,而是根据研究的需要来确定。本书在定义老龄化社会时,采用国际通用惯例,以65周岁及以上老年人占比作为人口年龄结构的划分标准。而在分析老年消费市场、老年人力资源等内容时所指的老年人则是依据国内人口年龄划分标准,将老年人口定义为60周岁及以上的人。这样做的目的,一方面是在划分人口年龄结构时符合国际标准,便于与其他国家的人口老龄化程度相比较;另一方面,是在分析中国老年人的收入水平、消费现状、延迟退休等问题时更符合中国国情。

2.少儿人口与劳动年龄人口

关于少儿人口与劳动年龄人口的划分,依据1976年生效的《准予就业最低年龄公约》。[1]《公约》指出,准予就业的最低年龄应不低于完成义务教育的年龄,并在任何情况下不得低于15周岁。如经济和教育设施不够发达,初步规定最低年龄为14周岁。因此将不同人群按照年龄分为三类:0~14周岁人口为少儿人口,15~64周岁为劳动年龄人口,65周岁及以上为老年人口。劳动年龄人口是社会总人口中处于劳动年龄范围内的人口。[2]

(二)老龄化、老化、人口老龄化的区别

老龄化,即增龄,指年龄随时间递增,包括个体老龄化与群体老龄化。[3]其中,个体老龄化是指个体日历年龄的增加,是不可逆的;而群体老龄化是指群体中位年龄增加,具有可逆性。究其原因,群体中位年龄既可能前行,也可能逆转。如果群体中位年龄前行,则为老龄化;如果群体中位

---

① 联合国:《准予就业最低年龄公约》,https://www.un.org/zh/documents/treaty/ILO-1973。

② 吴忠观主编:《人口科学辞典》,西南财经大学出版社,1997年。

③ 穆光宗:《有关人口老龄化若干问题的辨析》,《人口学刊》1997年第1期。

年龄逆转,则为年轻化。

无论是个体还是群体,老龄化与老化的概念都存在区别。老龄化只是客观描述"增龄",是对个人或群体年龄变化的事实确认,并没有做出价值层面的判断。而老化则含有"变得衰弱"的意思,带有强烈的感情色彩和价值判断。比如,一位身体健康、学识渊博的耄耋老人,依然可以在工作岗位上发光发热,那么我们可以认为他处于老龄化,但是不能认为他已经老化。从群体角度看,老龄化与老化在趋势上相同,但是在程度上仍有差异。因此我们在分析中国人口老龄化问题时,用的是老龄化而非老化一词。

区别于老龄化的概念,人口老龄化,专指群体老龄化,即老年人口在总人口中的比重不断上升、人均年龄不断提高的过程。

(三)人口老龄化的衡量指标

衡量一个国家或地区人口老龄化的指标非常多,通常包括老年人口比重(老年人口系数)、老化指数(老少比)、老年人口抚养比、少儿人口比重、年龄中位数等,其中最常用且最直观的指标为老年人口比重。[1]

老年人口比重,又称老年人口系数或老年比例,指的是老年人口数量占总人口数量的比重。由于老年人口的年龄起点包括60周岁和65周岁两种,老年人口比重的计算公式中也存在使用60周岁和65周岁这两个标准。通常情况下,这两个结果会被同时计算和采用。

$$老年人口比重 = \frac{60(或65)周岁及以上人口数}{总人口数} \times 100\% \qquad (2.1)$$

老化指数,又称老化系数或老少比,也是衡量人口老龄化水平的常用

---

① 《人口老龄化及其衡量标准是什么》(2023-1-1),https://www.stats.gov.cn/zsk/snapshoot? reference=33e2b9cdb6391521c53328be6244e40b_3B602B3FBE49DE1702A3EB2967BA4052&siteCode=tjzsk&wd=&eqid=dc5eb094001dd88a0000000364561916。

指标,指的是老年人口与少儿人口的比值。[1]老化指数只比较老年人口与少儿人口,不包含劳动年龄人口因素,因此在衡量人口老龄化程度时更加精准,更加有说服力。

$$老化指数 = \frac{老年人口数[2]}{少儿人口数} \times 100\% \qquad (2.2)$$

老年人口抚养比,又称老年人口抚养系数,指老年人口数与劳动年龄人口数之比。该指标反映的是,每100位劳动人口所负担的老年人口数量,比值越大,社会抚养老人负担越重。

$$老年人口抚养比 = \frac{老年人口数[3]}{劳动年龄人口数} \times 100\% \qquad (2.3)$$

老年人口抚养比指标过于笼统,没有将劳动参与率考虑在内,不能精确反映老年人口抚养情况。例如,65周岁及以上的老年人口可能还在从事社会生产活动,而15~64周岁的劳动年龄人口有一部分并非劳动人口。以中国为例,截至2023年,中国劳动年龄人口平均受教育年限为10.93年[4],且新增劳动力平均受教育年限达到14年[5]。由此可见,以14周岁作为劳动年龄人口的下限并不准确,同时,中国退休年龄一般为男性60周岁、女性干部55周岁、女性工人50周岁。以65周岁作为劳动年龄人口的上限

---

[1] 于光远:《经济大辞典(上、下册)》,上海辞书出版社,1992年,第621页。

[2] 中国统计年鉴在计算老化指数时,老年人口指65周岁及以上老年人,少儿人口指0~14周岁的人口。

[3] 中国统计年鉴在计算老年人口抚养比时,老年人口指65周岁及以上老年人,劳动年龄人口指15~64周岁的人口。

[4]《国家统计局副局长就2023年前三季度国民经济运行情况答记者问》(2023-10-18),https://www.gov.cn/lianbo/bumen/202310/content_6910007.htm。

[5] 李强:《我国"人口红利"没有消失,"人才红利"正在形成》(2023-3-13),http://www.moe.gov.cn/jyb_xwfb/xw_zt/moe_357/jjyzt_2022/2022_zt18/yw/202304/t20230407_1054694.html。

也不符合中国实际情况。很显然,采用这一指标衡量中国人口老龄化程度时,会扩大分母同时缩小分子,从而低估中国人口老龄化程度。

人口年龄结构,是从自然结构角度对人口结构进行的划分。人口结构的划分方式有很多种,包括人口年龄结构、人口性别结构,还可以从社会角度进行划分,例如人口宗教结构、人口婚姻结构、人口家庭结构、人口职业结构等,同时还可以从地域角度或者经济角度进行划分。本书在研究人口老龄化时对人口结构的划分是指人口年龄结构。

人口年龄结构是分析人口老龄化、人口红利的基础,因此需详细了解人口年龄结构的类型划分。由于老年人口的界定标准有60周岁和65周岁两种,因此在划分人口年龄结构时,也会遵循不同标准采用不同的划分方法。但是不管采用哪种分类方法,都是将人口年龄结构划分为年轻型、成年型和老年型三类,常见的人口年龄结构划分方法有三种。

1956年,联合国经济和社会事务部发表一份报告《人口老龄化及其社会经济后果》,针对发达国家退休相对较晚的情况,以65周岁作为老年人口的界定标准划分人口年龄结构类型,如表2.1所示,这一类型划分一经确定就被发达国家广泛采用,在发展中国家中使用的也相对较多。

表2.1　1956年联合国经济和社会事务部人口年龄结构类型

类型	年轻型	成年型	老年型
65周岁及以上老年人口占总人口的比例	≤4%	4%~7%	≥7%

资料来源:吴忠观:《人口科学词典》,西南财经大学出版社,1997年,第234页。

《人口老龄化及其社会经济后果》的原文是:"如果人口可以被随意规定为年轻型、成年型和老年型,比如65周岁及以上人口占总人口的比例低于4%为年轻型,这一比例在4%~7%之间为成年型,超过7%为老年型,那么世界人口看起来绝大部分可以被视为年轻型或成年型,只有很小一部分是老年型。"①虽然这一联合国标准在全世界得到广泛认可和使用,但其实它并没有经过实证分析,也不是一个严格的标准,而只是一种相对随意的划分方式,②同时体现出,1956年全世界总体人口老龄化程度相对较轻,尤其是广大发展中国家,还没有意识到人口老龄化问题的存在。

鉴于1956年联合国对于人口年龄结构类型的划分标准相对单一,而不同国家人口出生率、少儿人口数量、劳动年龄人口数量和老年人口数量存在较大区别。为了更加准确地反映人口老龄化程度,很多学者提出将少儿人口数量、老少比等人口老龄化影响因素加入人口年龄结构划分标准中,提出新的划分方法。其中,比较有代表性的是1975年美国人口调查局提出的划分方式,如表2.2所示。

表2.2 美国人口调查局人口年龄结构类型

年龄结构类型	年轻型	成年型	老年型
少儿人口比重	≥40%	30%~40%	≤30%
老年人口比重	≤5%	5%~10%	≥10%
老少比	≤15%	15%~30%	≥30%
年龄中位数	≤20周岁	20~30周岁	≥30周岁

注:计算老年人口比重时,采用65周岁作为老年人口的划分标准。

资料来源:http://www.chinayanshan.gov.cn/chinayanshan/ADD02 978/201211/636622a6eae34dc09770ac455b3f1000.shtml。

前两类人口年龄结构标准都是根据发达国家的国情来制定的,随着全球老龄化程度的加深,发展中国家的人口老龄化问题逐步引起关注。考虑

---

① T. Fent, Department of Economic and Social Affairs, Population Division, United Nations Expert Group Meeting on Social and Economic Implications of Changing Population Age Structures, *European Journal of Population*, 2008(24): 451–452.

② 郑志国:《中国人口老龄化的五个认识误区》,《江汉论坛》2023年第12期。

到发展中国家与发达国家在预期寿命、退休年龄等方面的差距,1982年联合国第一届老龄问题世界大会提出了针对发展中国家人口老龄化的划分方式,如表2.3所示。

表2.3　第一届老龄问题世界大会人口年龄结构类型

类型	年轻型	成年型	老年型
60周岁及以上老年人口占总人口的比例	≤5%	5%~10%	≥10%

资料来源:1982年联合国第一届老龄问题世界大会制定标准。

需要指出的是,第一届老龄问题世界大会在确定人口年龄标准时提到,"另一种硬性的却比较方便的办法是把60周岁和60周岁以上的人统一划为年长人"。由此可以看出,1982年老龄问题世界大会专门为发展中国家制定的人口老龄化标准其实也是联合国硬性规定的。[①]

目前,在使用人口年龄结构时,通常将联合国制定的两个标准结合在一起,即人口年龄结构进入老年型的标准为60周岁及以上老年人口占比达到10%,或者65周岁及以上老年人口占比达到7%。同时必须指出,人口年龄结构的划分存在主观性,而非完全客观。随着经济发展与社会进步,特别是医疗水平的提升,世界人均寿命逐渐延长,对于人口年龄结构的划分标准必然不能是一成不变的,而是要与时俱进,随着时代的进步而进行调整。

(四)老龄化社会、老龄化问题与老龄问题

1.老龄化社会

牟方志认为,老龄化社会是指老年人口占比状态,反映出人口结构的社会状态。[②]与人口年龄结构划分标准的主观性一致,不同时期不同学者

---

① 王洵:《老年人口与人口老龄化标准再认识》,《山东医科大学学报(社会科学版)》2000年第4期。

② 牟方志:《十八大以来中国共产党应对人口老龄化的理论与实践研究》,西南交通大学硕士论文,2022年。

对老龄化社会的划分也不一致。如表2.4所示。本书采用国际通用的判断标准，即60周岁及以上的老年人口占比达到10%，或者65周岁及以上的老年人口占比达到7%为老龄化社会的标准。世界卫生组织依据65周岁及以上老年人口占比将老龄化社会进一步分为老龄化社会、深度老龄化社会和超级老龄化社会。

表2.4　老龄化社会的界定标准[①]

年龄起点	老龄化社会界定标准(老年人口占比)	时间	划分人或组织
60周岁	≥10%	1982年	世界老龄大会
60周岁	≥12%	1977年	爱德华·罗赛特
65周岁	≥10%	1975年	美国人口咨询局
65周岁	≥7%	1956年	联合国人口司
50周岁	≥30%	1900年	桑德巴

资料来源：牟方志：《十八大以来中国共产党应对人口老龄化的理论与实践研究》，西南交通大学博士论文，2022年。

2.老龄化问题与老龄问题

很多文献在讲述老龄化问题时会将老龄化问题与老龄问题相混淆。虽然两者存在紧密联系，但仍存在显著区别。从字面意思来看，老龄化是一个动态和过程，而"老龄"是一个静态和结果。狭义的老龄化问题是指人口年龄结构问题，即老年人口占比高，使人口年龄结构进入老年型阶段。广义的老龄化问题，不仅包括人口年龄结构，还包括老年人口数量变动产生的规模效应。不论是狭义还是广义，老龄化问题都是强调群体问题，而非个体问题。而老龄问题是指老年人问题，包括个体和群体两个角度。老龄化问题更多的是一个人口学问题，而老龄问题更多的是一个社会学问题。[②]

---

① 罗淳：《从老龄化到高龄化：基于人口学视角的一项探索性研究》，中国社会科学出版社，2014年，第41页。

② 穆光宗：《有关人口老龄化若干问题的辨析》，《人口学刊》1997年第1期。

人口老龄化问题是指总人口中老年人口比例不断上升而其他年龄组人口比例不断下降这样一个动态过程,从而给社会经济带来调整问题。需要注意的是,人口老龄化问题不仅仅指的是老年人口给社会经济带来问题。人口老龄化过程中,各个年龄组的人口比例都在发生变化,所以人口老龄化问题也包括少儿人口与劳动年龄人口数量变动给社会经济带来的调整问题。而老年人口问题仅指老年人口这一群体给社会经济带来的调整问题,并不涉及其他年龄组人口。一个国家或地区,不管处于哪种年龄结构,都存在老年人口问题。所以,存在人口老龄化问题意味着一定存在老年人口问题,但是存在老年人口问题却不一定存在人口老龄化问题。

二、积极老龄化的相关概念

(一)积极老龄化的概念

2002 年,第二届老龄问题世界大会在健康老龄化的基础上正式提出积极老龄化概念。积极老龄化是指,在老年时为了提高生活质量,使健康、参与和保障的机会尽可能获得最佳的过程。[1]中国学者邬沧萍将积极老龄化解释为,"提高老年人的生活质量,创造健康、参与、保障(安全)的最佳机遇"[2]。积极老龄化将"健康、参与、保障"作为三大支持体系,以"参与"为主体,"健康、保障"为两翼,形成"一体两翼"的理论构架,为世界各国应对人口老龄化提供了强劲的理论支撑。

比较人口老化、人口老龄化、积极老龄化三个概念,我们会发现,人口

---

① 世界卫生组织编,中国老龄协会译:《积极老龄化政策框架》,华龄出版社,2003年,第9页。

② 邬沧萍、彭青云:《重新诠释"积极老龄化"的科学内涵》,《中国社会工作》2018年第17期。

老化具有消极悲观色彩,人口老龄化是一种客观表述不含有感情色彩,而积极老龄化则具有积极乐观的色彩。同时,积极老龄化也是在成功老龄化、生产性老龄化、健康老龄化的基础上,对于如何应对人口老龄化问题提出的一种新的老龄观。成功老龄化具有强烈的价值判断,生产性老龄化片面强调开发老年人力资源,健康老龄化忽略了老年人的社会活动参与,而积极老龄化则是以健康为前提,以参与为主体,以安全为保障,与时俱进、兼收并蓄,吸收各类老龄观的优点,并弥补其不足,目前被世界各国所普遍接纳和采用。

(二)积极老龄化的内涵

积极老龄化一词,具有丰富的内涵。如前文所述,传统的人口老龄化是一个人口学问题,而积极老龄化将人口老龄化作为一个社会问题对待。积极老龄化倡导全社会的参与,人口老龄化不是单纯的老年人口占比增加的过程,而是使老年群体拥有健康体魄、参与社会活动、合法权益得到保障的动态过程,是老年人口与少儿人口、劳动年龄人口协调发展的过程。"积极"一词,既包括老年人积极获得健康体魄,积极参与社会活动,又包括社会积极为老年人的参与和健康提供保障。积极老龄化为中国政府提出的"六个老有",即"老有所为,老有所养,老有所医,老有所学,老有所教,老有所乐"提供了重要的理论支撑。[1]"健康"不仅指身体健康,还包含了心理和精神各方面的健康,是一个动态的、全过程的概念;"参与"不仅指物质生产活动参与,还包括劳务、志愿服务等其他社会活动。"保障"则不仅指经济保障,还涵盖人身安全、食品安全、居住安全等多方面。[2]

---

[1] 马瑞丽:《积极老龄化的理念与路径》,《中国社会科学报》2023年12月29日。

[2] 邬沧萍、彭青云:《重新诠释"积极老龄化"的科学内涵》,《中国社会工作》2018年第17期。

三、人口红利的相关概念

(一)红利

红利既可以用在经济领域,也可以用在教育领域和其他社会发展领域。经济领域的红利是指上市公司分配给股东的利润,教育领域的红利通常指人力资本红利或者教育红利,其他社会发展领域的红利范围更加广泛,既可以是改革红利、公共政策红利、可持续发展红利等,也可以是人口红利、人才红利等。

(二)人口机会与人口红利

人口红利通常指一个国家或地区的人口年龄结构"中间大、两头小",即劳动年龄人口占比高,少儿人口和老年人口占比低。由于劳动年龄人口占比高会有利于经济发展,因此学者们便称之为人口红利。[①]

就这个定义的内容来看,与其说是人口红利,更不如说是人口机会或者说人口机会窗口。人口机会是人口学概念,指在人口结构转型的过程中形成的有利于经济发展和社会进步的人口条件,也就是说,人口机会只是为实现人口红利创造了条件和机会。而人口红利是应用于社会发展领域的经济学概念,指人口对经济发展和社会进步所做的贡献和所提供的价值。人口机会不会自动转化成人口红利。因此,不能将人口机会与人口红利两个概念混淆。

(三)第二次人口红利

第二次人口红利认为,随着平均寿命的延长,人们基于预防需求,在青壮年时期会增加储蓄,社会资本也会随之增加。学者将这种以未来养老为目的的储蓄和投资行为推动经济增长的现象称为第二次人口红利,并认

[①] 联合国人口基金:《世界人口现状(1998)》,www.unfpa.org。

为,随着第一次人口红利的消失,第二次人口红利随即出现并将永远存在下去。[1]蔡昉强调老年人力资源开发,从劳动力供给和储蓄两个角度分析第二次人口红利。[2]部分学者认为,第二次人口红利即人口质量红利,[3]本书所讲的第二次人口红利,区别于其他学者所提到的人口质量红利、新型人口红利等概念,而是基于蔡昉关于第二次人口红利的定义,在"老龄人口红利"的基础上,纳入需求端,结合老年消费市场开发和老年人力资源开发两个方面,同时将生育率纳入指标,旨在完善现有第二次人口红利理论的不足。

(四)银发红利

目前学术界关于银发红利的介绍非常少,在知网中以银发红利为主题,查阅到的真正将"银发红利"作为一个名词使用的文章只有《让"银发浪潮"释放"银发红利"》《亚行:科技或将亚洲经济体老龄化变成"银发红利"》《促进低龄老年就业实现"银发红利"》三篇,而且关于"银发红利"一词的使用完全不同。

在《让"银发浪潮"释放"银发红利"》一文中,银发红利是指为老年人创造的红利。《促进低龄老年就业 实现"银发红利"》则认为应由低龄老年就业实现银发红利。《亚行:科技或将亚洲经济体老龄化变成"银发红利"》认为,银发红利既包括为老年人创造的红利,又包括开发老年人力资源,挖掘老年人的劳动潜能,由老年人参与社会活动而带来的人才红利。

本书研究的是中国第二次人口红利的开发,既包括发展银发经济,开

---

① Lee Ronald, Andrew Mason, What is the Demographic Dividend?, *Finance and Development*, 2006, 43(3): 121-149.

② 蔡昉:《未来的人口红利——中国经济增长源泉的开拓》,《中国人口科学》2009年第1期。

③ 陈对:《人口红利、人口转变与经济增长》,四川大学硕士论文,2021年。

拓老年消费市场,又包括老年人力资源开发。本书将为老年人创造的红利,即由老年人的消费潜力拉动经济增长而实现的红利定义为银发红利;将开发利用老年人力资源,增加劳动力数量而实现的红利定义为老年人才红利。

四、老年人力资源的相关概念

(一)人力资源相关概念

1.人力资源

人力资源这一概念包括人力和资源两部分。其中,人力指人的能力,是包括体力、智力、技能等在内的体力与脑力的总和。资源是指可利用的物力或人力,是创造社会财富的根源。人力资源则是将人力看作一种资源,认为人力本身具有资源属性,同物力一样,可以创造社会财富。宏观层面的人力资源属于经济学范畴,站在全社会角度对人力资源的状况、开发、配置等进行研究;微观的人力资源属于管理学范畴,站在企业或其他社会组织的层面使用和管理人力资源。本书所涉及的人力资源属于宏观层面。

人力资源的范围包括广义和狭义两类。狭义的人力资源仅指现实的劳动力,主体是适龄劳动力人口,可以认为是15~64周岁的劳动年龄人口,而广义的人力资源指除纯消费人口以外,其他所有人口具有的现实和潜在的[①]体力、智力、技能等。[②]本书要研究的是通过开发利用老年人力资源来释放第二次人口红利,很显然,本书所研究的人力资源概念属于广义的人

---

① 潜在一词有两层含义:一是现有劳动力人口本身所具有但尚未被开发出来的能力;二是未来劳动力人口所蕴藏的有待开发的能力。

② 李继樊、罗仕聪:《人力经济学——兼论经济全球化与中国人才战略》,中国经济出版社,2005年,第20页。

力资源范畴。

2. 人口资源

人力资源的主体不包括纯消费人口,如没有劳动能力的少儿、退出工作领域的老年人,以及完全丧失劳动能力的残疾人等。而人口资源则是指一个国家或地区的人口总体,既包括具备人力资源的人口,又包括纯消费人口。人口资源是一个数量概念,人力资源是人口资源中的一部分。

3. 劳动力资源

劳动力资源的范畴与狭义人力资源一致,都是指15~64周岁的劳动年龄人口,但是两者仍存在显著区别。劳动力资源只是一个数量概念,人力资源既强调数量范畴又强调人的体力、智力和技能等,是数量与质量的统一。

4. 人才资源

从字面意思可以看出,与人力资源强调的人力不同,人才资源更强调"才",而这种"才"通常指专门知识或专门技能。不是所有的人力资源都可以称之为人才资源,人才资源是人力资源中能力和素质较高的一部分,是经济社会发展的第一资源。[①]

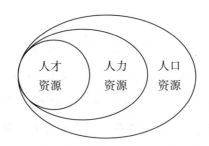

图2.1 人口资源、人力资源与人才资源的关系

资料来源:姚裕群:《人力资源概论》,中国劳动出版社,1992年。

---

① 《习近平强调,坚持科技是第一生产力人才是第一资源创新是第一动力》(2022-10-16),https://www.gov.cn/xinwen/2022-10/16/content_5718815.htm?eqid=ba6857b50001e58900000004645a486c。

5.人力资本

人力资源的概念强调的是人本身所具备的能力,而人力资本强调通过教育、培训、保健等方式获取和提升知识、技能、健康状况等。[①]人力资本强调的是人力资源的质量,人力资源经过开发和利用便形成了人力资本。人力资源与人力资本既有区别又有联系。本书研究第二次人口红利开发时,会涉及"老年人力资源开发",主要是从宏观角度强调老年人在各类社会活动中的地位,因此使用人力资源这一概念。

(二)老年人力资源的相关概念

1.老年人力资源

老年人力资源属于广义人力资源的范畴,是指日历年龄达到老年人的界限,但是仍旧具有劳动能力和劳动意愿,并能够为社会创造价值的老年人的体力与脑力的总和。[②]通过老年人力资源的定义可以看出,老年人力资源具备三个基本要素:年龄达到老年人的年龄界限,结合中国国情,老年人的年龄界限为60周岁;身体健康有劳动能力;有劳动意愿。这里的劳动意愿指参与生产或其他社会活动,以及从事家庭劳动等。只有具备以上三个要素,才能形成老年人力资源。

同人力资源的概念一样,老年人力资源并不仅是直接从事体力或脑力劳动的老年人,还包括具有潜在的体力、智力、技能的老年人,也就是说,即使有些老年人目前没有参与劳动但是有从事劳动的意愿,或者虽然现在没有劳动意愿,但是如果他们再次有劳动意愿,那么也属于老年人力资源的

---

① Arthur O'Sullivan, Steven M. Sheffrin, *Economics: Principles in Action*, Pearson Prentice Hall, 2003: 5.

② 蔡小东:《老年人力资源再开发研究》,《合作经济与科技》2020年第7期。

范畴。[①]我们按照老年人是否具有现实的劳动意愿及所从事的劳动类型，将老年人力资源分为四类：从事有报酬的生产与社会劳动的老年人，从事无报酬、半报酬或辅助劳动的老年人，从事社会志愿活动或家庭劳动的老年人，尚未从事劳动但是有（潜在）劳动意愿的老年人。

随着年龄的增长，人的生理、心理、生活方式和习惯都会发生显著变化，因此可以根据老年人所处的年龄段划分老年人力资源类型，如表2.5所示。

表2.5　按照年龄段划分老年人力资源类型

年龄段	老年人类型	老年人力资源类型
60~69周岁	低龄老年人	低龄老年人力资源
70~79周岁	中龄老年人	中龄老年人力资源
80周岁以上	高龄老年人	高龄老年人力资源

资料来源：沈爱华：《老龄化背景下老年人力资源开发研究》，上海海洋大学硕士论文，2022年。

人力资源属于消耗性资源，不能存储，尤其是老年人力资源的时效性相对较短。通常情况下，60~65周岁为活跃期，66~69周岁为中等活跃期，70周岁以上则进入消弱期。[②]因此，在开发和利用老年人力资源时，应重点关注60~69周岁的低龄老年人。

2.老年人力资源开发

人力资源的开发是一个"挖掘—转化"的过程，是通过科学有效的措

[①] 雷亮：《人口老龄化趋势下广西城市老年人力资源开发研究》，广西大学硕士论文，2018年。

[②] 沈爱华：《老龄化背景下老年人力资源开发研究》，上海海洋大学硕士论文，2022年。

施,使人力转化为人才,使低层次人才转换为高层次人才的过程。[①]老年人力资源开发,同样是指通过挖掘,将老年人力资源转化发展为人才资源的过程。老年人群体具有特殊性,不同国家的老年人,身体和心理健康状况存在显著差异,因此中国政府在开发老年人力资源时应充分把握中国老年人口的特性,遵循其身心发展规律,制定合理政策。

第二节　相关理论

一、马克思主义人口理论

马克思主义认为,人具有社会属性,是一切社会关系的总和。人口问题,归根到底是社会经济制度问题,是社会生产力与生产关系矛盾的表现。马克思在《资本论》中提出,人口规律属于社会规律,其决定因素是社会生产方式,社会生产方式不同,人口增长规律不尽相同。同时,人是社会生产的主体,人口的数量、质量和结构影响社会存在与发展。

恩格斯提出:"人类数量增多到必须为其增长规定一个限度的这种抽象可能性当然是存在的。"[②]这也是中国实施计划生育,对人口增长进行调节和控制的理论依据。人口的增长需要适应并有利于经济社会的发展,在人口老龄化日益严峻的形势下,中国调整计划生育政策,先后实施"单独二孩""全面二孩"和"三孩政策",正是马克思主义人口理论在当代中国的运用。

---

① 叶忠海:《老年人力资源开发的若干基本问题》,《职教论坛》2020年第5期。
②《马克思恩格斯全集(第35卷)》,人民出版社,2008年,第145页。

二、人口转变理论

人口转变理论形成于20世纪30年代,之后在发达国家广泛应用,70年代后开始逐步运用到发展中国家。人口转变理论是学者们在研究人口出生率、死亡率和自然增长率的过程中总结出来的,是关于人口再生产类型转变的理论。

1909年法国学者兰德里在对欧洲人口结构转变进行研究时首次提出人口转变理论的思路,[1]并在1934年发表的《人口革命》一书中,提出人口发展"三阶段"模型。1929年汤普森基于兰德里人口转变理论的思路,提出"三类型"模型。[2]1945年诺特斯坦等提出"人口转变的三阶段学说"并首次正式提出"人口转变"概念。[3]1947年布莱克提出"人口转变的五阶段学说"。[4]1958年金德伯克和赫里克将人口转变过程划分为四个阶段。在此,对不同学者关于人口转变的阶段划分做简要介绍。

(一)汤普森的"三类型模型"

1929年,美国学者汤普森首次根据人口增长率的不同,将不同国家分为三种类型:第一类型的典型代表为西欧和美国,其特点是低人口出生率伴随低人口死亡率,同时人口出生率低于人口死亡率,人口规模持续下降。第二类型的典型代表为东欧和南欧国家,其特点是人口出生率和死亡率均有所下降,但是人口死亡率下降程度远超过人口出生率的下

---

① 李中秋:《转型期中国人口老龄化与养老模式研究》,西南财经大学博士论文,2019年,第60页。

② Thompson W. S., Natural Selection in the Processes of Population Growth, *Human Biology*, 1929, 1(4): 503.

③ Notestein, *Population: the Long View*, University of Chicago Press, 1945.

④ Blacker C. P., Stages in Population Growth, *The Eugenics Review*, 1947, 39(3).

降,人口增长相对较快。第三类型的典型代表为亚非等地区的发展中国家,其特点是高人口出生率伴随高人口死亡率,且出生率高于死亡率,人口规模有所增长。[1]

(二)兰德里的"三阶段模型"

法国学者兰德里最早提出人口转变理论的思路,但是真正提出人口再生产类型的划分是在汤普森之后,于1934年在《人口革命》一书中提出。他将人口发展阶段分为原始阶段(约两百万年以前—两千年以前)、中期阶段(约两千年以前—1453年)和现代阶段(1453年至今)。人口发展原始阶段的人口再生产类型为"高高低"(即高出生率、高死亡率、低增长率);中期阶段人口再生产类型为"高低高"(即高出生率、低死亡率、高增长率);现代阶段人口再生产类型为"低低低"(低出生率、低死亡率、低增长率),人口处于低位增长甚至出现负增长。

相较于汤普森的"三类型模型",兰德里的"三阶段模型"对人口出生率和死亡率的变化阐述更详尽,但是汤普森和兰德里都没有将人口发展规律形成完善的理论。

(三)诺特斯坦的"人口转变三阶段学说"

1945年,美国学者诺特斯坦发表《人口—长远观点》,重点研究人口转变的内在动因,并提出"人口转变三阶段学说",如图2.2所示。

第一阶段,高人口出生率伴随高人口死亡率,出生率略高于死亡率,自然增长维持在较低水平;第二阶段,人口出生率与人口死亡率均有所下降,人口死亡率下降速度显著快于人口出生率,人口自然增长率维持在较高水平;第三阶段,人口出生率与人口死亡率进一步下降,且人口出生率下降速度比人口死亡率更快,人口自然增长率下降,甚至出现人口负增长。1953

---

[1] 赵雨:《"人口红利"的反思与再定义》,武汉大学硕士论文,2017年,第21页。

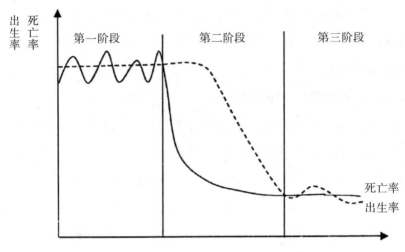

图2.2 诺特斯坦的"人口转变三阶段"示意图

年,诺特斯坦的《人口变动的经济问题》一书修正了其此前提出的"人口转变三阶段模型",并提出"四阶段模型"。

相比较于汤普森的"三类型模型"和兰德里的"三阶段模型",诺特斯坦首次正式提出"人口转变"这一概念,并将"人口转变"上升到理论高度。

(四)布莱克的"人口转变的五阶段学说"

1947年,布莱克进一步把人口转变划分为"高位静止(HS)→初期扩展(EE)→后期扩张(LE)→低位静止(LS)→减退(D)"五个阶段,如图2.3所示。

第一阶段"高位静止"。同诺特斯坦的"人口转变的三阶段学说"一致,布莱克也认为,第一阶段人口高出生率伴随高死亡率,两者关系相对稳定,总人口数量在高位保持相对静止。第二阶段"初期扩展",这一阶段人口出生率仍保持较高增长水平,但是死亡率持续下降,因此,人口自然增长率不断提高。第三阶段"后期扩张",这一阶段同诺特斯坦"人口转变三阶段学说"的第二阶段观点一致,认为人口出生率与人口死亡率均大幅下降,但是人口死亡率下降速度比人口出生率下降速度快,因此人口总量保持增长的

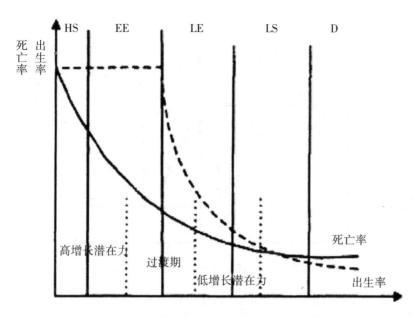

图2.3 布莱克的"人口转变五阶段"示意图

同时,自然增长率开始出现下降。第四阶段"低位静止",人口出生率与人口死亡率都下降到较低水平,且两者下降水平接近一致,人口总量处于低位相对静止状态。第五阶段"减退"。这一阶段同诺特斯坦"人口转变的三阶段学说"的第三阶段观点一致,人口死亡率保持在相对静止的低位水平,人口出生率继续下降,导致人口自然增长率继续下降甚至出现负增长。可以看出,布莱克的"人口转变五阶段学说"是在诺特斯坦的"人口转变三阶段学说"的基础上增加了"初期扩展"与"低位静止"两个过渡期。

相比较于汤普森的"三类型模型"、兰德里的"三阶段模型"和诺特斯坦的"人口转变三阶段学说",布莱克的"人口转变五阶段学说"对人口增长阶段的划分更加详细,更加符合人口增长的实际规律。

(五)金德伯克和赫里克的"人口转变四阶段学说"

1958年,金德伯克和赫里克将人口转变过程划分为四个阶段,如图2.4所示。

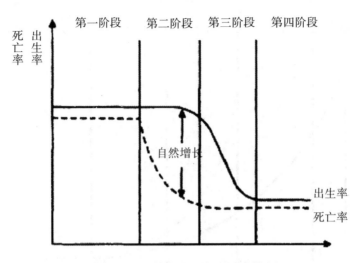

图2.4　人口转变过程的"四阶段"划分

金德伯克和赫里克划分的人口转变过程的不同阶段,人口出生率与死亡率的组合表现出不同的特点。对第一阶段的认识与诺特斯坦和布莱克一致,认为这一阶段的特点为"高高",即高人口出生率伴随高人口死亡率,人口出生率略高于人口死亡率。对第二阶段的认识与布莱克一致,认为这一阶段的特点为"高低",即人口出生率维持在较高水平,但是人口死亡率开始下降,人口自然增长率相对较高。对第三阶段的认识与布莱克的观点存在区别,认为这一阶段的特点为人口出生率大幅下降的同时人口死亡率低位维持相对静止,人口自然增长率有所下降但仍保持在较高水平。对第四阶段的认识与诺特斯坦的"第三阶段"和布莱克的"第五阶段"基本一致,认为这一阶段的特点为"低低",人口出生率继续下降,人口死亡率低位相对静止,人口自然增长率继续下降甚至出现负增长。

综合比较以上五类人口转变理论,虽然划分标准有所不同,但是对人口再生产类型的划分并无本质区别。①这些理论的贡献在于对世界各国人

---

① 刘传江:《西方人口转变的描述与解释》,《国外财经》2000年第1期。

口发展趋势提供了有效的理论借鉴,而缺陷在于不能精确预测各国人口转变的具体时间,而且其主要是基于发达国家人口转变的实际情况,对于大部分发展中国家只能提供一定程度上的借鉴意义。

三、生命周期理论

从心理学角度来讲,生命周期是指个人或者家庭的生命周期,包括"出生、成长、成熟、衰老、死亡"不可逆转的五个过程。在现实生活中,"生命周期"一词的应用非常广泛,包括但不局限于产品生命周期理论、企业生命周期理论、行业生命周期理论、领导生命周期理论、生命周期假说、信息系统生命周期理论、客户生命周期理论、生命周期分析等。本书所用到的生命周期理论,主要是基于个人生命周期提出的生命周期假说理论。

1954年,美国学者F.莫迪利安尼与R.布伦博格提出生命周期假说理论,从全生命周期的视角研究个体消费行为。在不考虑遗赠时,生命周期假说认为消费函数如公式2-4所示:

$$C_t=\alpha+\beta_1 Y_t+\beta_2 Y^e+\beta_3 W_{t-1}+\varepsilon_t \tag{2-4}$$

其中,Y_t表示当期收入,Y^e表示预期收入,W_{t-1}表示上期积累的财富,β_1、β_2、β_3分别表示三者的边际消费倾向。

生命周期假说将个人的全生命过程划分为青年、中年和老年三个阶段。个人的收入、消费、储蓄能力在不同阶段存在较大差别。青年时期,收入低,消费高,储蓄偏少甚至为负;中年时期,收入高、消费低、储蓄为正;老年时期,收入降低,消费增加,需要依靠中年时期的储蓄来弥补消费需求。生命周期假说理论强调,人的消费支出与生命全过程的收入(包括当期收入和预期收入)相关,理性的消费者应根据一生的收入安排消费和储蓄,使收入与消费相等。同时,生命周期理论还认为,站在社会角度来看,消费支出与人口年龄结构相关。长远来看,边际消费倾向是平稳的,[①]边际消费倾向随着一个国家或地区人口年龄结构的改变而发生改变。例如,随着人口老龄化程度的加深,边际消费倾向会提高。根据生命周期假说的观点,个人的收入、消费和储蓄行为关系到家庭和睦、社会和谐与国家的长治久安,是分析人口年龄结构变化、实施积极人口老龄化战略、开拓老年消费市场、开发老年人力资源、释放第二次人口红利的重要理论基础。

四、家庭储蓄需求模型

1958 年,萨缪尔森提出家庭储蓄需求模型指出,一个家庭的储蓄需求,除了受到收入和财富水平的影响,还会受到家庭成员数量、家庭成员的年龄、教育水平等因素的影响。萨缪尔森认为,家庭储蓄与子女个数成反比,也就是说,一个家庭中子女数量越多,家庭储蓄就越少。这一点主要是因为,子女数量多,少儿抚养负担重,消费增加,储蓄减少;同时父母认为"养儿防老",子女数量多,意味着自己老年生活有保障,因此不需要为自己的老年生活增加储蓄。相反,子女数量少,少儿抚养负担轻,有利于增加储蓄,同时为了保障老年生活质量,父母增加储蓄的意愿会更强烈。萨缪尔森的家庭储蓄需求模型,为家庭储蓄行为决策提供了一个可靠的框架,但是不同国家和地区在应用家庭储蓄需求模型时应符合实际情况,而不是照搬照抄。中国当前的现实情况与萨缪尔森的观点相符合:一方面人口出生率不断下降;另一方面居民储蓄不断上升,但是中国居民储蓄的上升受多重因素影响,并同中国人民艰苦朴素勤俭节约的传统密切相关。中国居民储蓄在多大程度上取决于人口出生率的下降,尚无准确结论。

---

① 邓伟志:《社会学辞典》,上海辞书出版社,2009 年。

五、人力资源理论

早在古希腊时期,柏拉图就指出,每个人都需要学习积累各种知识、技能,以满足社会发展的需要。[①]这可以看作最早的人力资源思想。1954年彼得·德鲁克所著的《管理的实践》引入人力资源概念,此时的人力资源属于微观的管理学层面。1960年舒尔茨发表题为"人力资本投资"的演讲,认为教育可以提高人口质量,同时,人口质量的提高可以显著提高穷人的福利和经济前途。[②]这次演讲被称作"人力资本理论诞生的标志",同时,舒尔茨也被称为"人力资本之父"。1978年威廉·配第认为,教育普及与人才选拔对于经济发展具有重要意义。[③]同时,1988年亚当·斯密在《国富论》中提出,一方面要增加劳动者的数量,另一方面要提高所有劳动者的生产力。[④]由此可以看出,早期经济学思想中既包含人力资源思想,又包括人力资本的理念。

六、中国的孝道文化

2013年党俊武指出,人口老龄化问题本质上是重大的文化问题。[⑤]在中华民族发展的历史长河中,以孝为核心的养老文化为构建现代社会家庭

---

① 向佐春:《试论西方人力资源管理思维方式的沿革——从线性思维到复杂思维》,《南开管理评论》2000年第5期。

② 王宏吕、林少宫:《诺贝尔经济学奖金获得者演讲集(中)》,中国社会科学出版社,1997年,第69页。

③ [英]威廉·配第:《政治算术》,陈冬野译,商务印书馆,1978年,第66页。

④ [英]亚当·斯密:《国民财富的性质和原因的研究(上卷)》,郭大力、王亚南译,商务印书馆,1988年,第5页。

⑤ 党俊武:《构建适应老龄社会要求的文化理想初探》,《老龄科学研究》2013年第3期。

价值观、实施积极应对人口老龄化国家战略、发展适老产业、开拓老年消费市场、开发利用老年人力资源,奠定了坚实的文化根基。孝道是中国传统文化的核心,是中国人的重要价值观。《诗经》有"哀哀父母,生我劬劳"[1],《尔雅》讲"善事父母为孝"[2]。同时,孝道是家庭伦理道德规范。孔子云:"父子之道,天性也。"[3]人口老龄化已经成为中国的基本国情,在此背景下,如何满足老年人对美好生活的追求,已经成为当前的重要课题。

---

①《诗经》,北京联合出版公司,2015年,第111页。
②《尔雅》,中华书局,2014年,第96页。
③余庆编译:《孝经诠解》,万卷出版公司,2018年,第77页。

第三章 中国人口老龄化概况

人口老龄化,专指群体老龄化,即老年人口在人口年龄结构中的比重不断上升、人均年龄不断提高的过程。根据联合国标准,一个国家或地区60周岁及以上老年人口占总人口的比例达到10%,或65周岁及以上老年人口占比达到7%,即为老龄化社会;65周岁及以上老年人口比例达到14%,为深度老龄化社会,65周岁及以上老年人口达到20%为超级老龄化社会。[①]改革开放至2000年,中国处于传统人口红利期,劳动年龄人口数量大、占比高,对经济社会发展起到重要的推动作用。2000年,中国65周岁及以上老年人口占比7%,[②]标志着中国开始进入老龄化社会;2021年,中国65周岁及以上老年人口占比14.2%,标志着中国开始步入深度老龄化社会。由此可以看出,中国从老龄化社会(2000年)到深度老龄化社会(2021年)只用了21年时间。中国人口老龄化具有数量大、速度快的特点。同时,《全国人民代表大会常务委员会专题调研组关于实施积极应对人口老龄化国家战略、推动老龄事业高质量发展情况的调研报告》[③]预测,中国

[①] 梁中堂:《人口学》,山西人民出版社,1983年,第299页。

[②]《人口总量平稳增长 人口素质显著提升——新中国成立70周年经济社会发展成就系列报告之二十》,https://www.gov.cn/xinwen/2019-08/22/content_5423308.htm。

[③]《全国人民代表大会常务委员会专题调研组关于实施积极应对人口老龄化国家战略、推动老龄事业高质量发展情况的调研报告》,http://www.bjrd.gov.cn/xwzx/qgrd/202209/t20220914_2815027.html。

将在2050年左右进入超级老龄化社会,60周岁及以上老年人口达到峰值4.87亿,占届时全球老年人口的1/4。

第一节 人口老龄化的现状

一、人口再生产类型由传统型转为现代型

人口再生产类型由人口出生率、人口死亡率、人口自然增长率三个指标构成,兰德里的三阶段模型是最常用的人口再生产类型分类模型。伴随经济社会的发展,人口再生产类型通常会经历"高高低→高低高→低低低"的转变,即"原始阶段→中期阶段→现代阶段",也可以称为"传统型→过渡型→现代型"。[①]

新中国成立后,分别于1953年、1964年、1982年、1990年、2000年、2010年、2020年开展七次人口普查,得到了关于中国总体及各地区的全国人口数量、少儿人口数量、老年人口数量、老年人口抚养比、少儿人口抚养比、总抚养比、人口出生率、死亡率、自然增长率等诸多重要的数据,成为分析中国人口再生产类型、人口年龄结构,以及人口老龄化进程现状及特点的重要依据。现在,根据七次人口普查的结果,分析中国人口再生产类型的改变。

---

① 《统计局:新中国60年人口适度增长 结构明显改善》(2009-9-11),https://www.gov.cn/gzdt/2009-09/11/content_1415054.htm。

表3.1 历次人口普查人口出生率、死亡率与自然增长率情况

（单位：‰）

年份	人口出生率	人口出生率增长率	人口死亡率	人口死亡率增长率	人口自然增长率	人口自然增长率的增长率
1953	37	—	14	—	23	—
1964	39.3	2.3	11.5	-2.5	27.8	4.8
1982	22.28	-16.5	6.6	-4.9	15.68	-12.12
1990	21.06	-1.74	6.67	0.07	14.39	-1.29
2000	14.03	-7.03	6.45	-0.22	7.58	-6.81
2010	11.9	-2.13	7.11	0.66	4.79	-2.79
2020	8.52	-3.38	7.07	-0.04	1.45	-3.34

数据来源：根据七次人口普查数据整理。

1953年中国开展第一次人口普查，受限于当时的经济社会条件，调查采取抽样方式进行，全国范围内共抽查5295万以上人口，占直接调查登记人口的9%。结果显示，截至1953年6月30日24时，全国人口总数为60193.8035万人。其中0~14周岁人口比重为36.28%，65周岁及以上老年人口比重为4.41%。人口出生率37‰，人口死亡率14‰，人口自然增长率23‰，人口再生产类型呈现"高低高"的特征。[1]

1964年第二次人口普查数据显示，截至1964年6月30日24时，全国人口总数为72307.0269万人，28个省、市、自治区（当时天津市隶属河北省）和现役军人的人口为69458.1759万人。[2]与1953年第一次人口普查的

---

[1] 《中华人民共和国国家统计局关于第一次全国人口调查登记结果的公报》（1954-11-1），https://www.stats.gov.cn/sj/tjgb/rkpcgb/qgrkpcgb/202302/t20230206_1901986.html。

[2] 《第二次全国人口普查结果的几项主要统计数字》（2001-11-2），https://www.stats.gov.cn/sj/tjgb/rkpcgb/qgrkpcgb/202302/t20230206_1901987.html。

60193.8035万人相比,全国人口总数增加12113.2234万人。其中,0~14周岁的人口为28067.1035万人,占总人口的40.69%;65周岁及以上老年人口比重为3.56%。人口出生率39.3‰,人口死亡率11.5‰,人口自然增长率27.8‰。与1953年相比,人口出生率上升2.3‰,人口死亡率下降2.5‰,人口自然增长率上升4.8‰,人口再生产类型"高低高"的特征进一步显著。

1982年第三次人口普查,截至1982年7月1日0时,全国总人口为103188.2511万人,其中大陆29个省、市、自治区(不包括福建省金门、马祖等岛屿)人口和现役军人共100817.5288万人。同第二次全国人口普查的69458.1759万人相比,18年间共增加31359.3529万人,增长45.1%,年平均增长率为2.1%。人口数量突破10亿,其中0~14周岁人口占比33.59%,65周岁及以上老年人口占比4.91%,0~14周岁人口占比显著下降的同时,老年人口占比不断提高。人口出生率22.28‰,人口死亡率6.6‰,人口自然增长率15.68‰。与1953年相比,人口出生率下降16.5‰,人口死亡率下降4.9‰,人口自然增长率下降12.12‰。中国自20世纪70年代开始实施计划生育,以减轻人口过快增长为社会、经济、环境等带来的压力,人口出生率显著下降,同时得益于社会进步和经济发展,医疗水平不断提高,人均寿命不断延长,人口死亡率大幅下降,人口再生产类型开始由"高低高"向"低低低"转变。

1990年第四次人口普查,截至1990年7月1日0时,全国总人口为116001.7381万人,其中大陆30个省、自治区、直辖市(不包括福建省金门、马祖等岛屿)人口和现役军人共113368.2501万人。同第三次全国人口普查的100817.5288万人相比,8年间共增加了12550.7213万人,增长率12.45%,年平均增长率为1.48%。其中0~14周岁人口比重27.69%,65周岁及以上老年人口比重5.57%,0~14周岁人口占比进一步下降且低于30%。人口出生率21.06‰,人口死亡率6.67‰,人口自然增长率14.39‰。与

1982年相比，人口出生率下降1.74‰，人口死亡率上升0.07‰，人口自然增长率下降1.29‰。受前两次"婴儿潮"的影响，虽然中国实施计划生育之后人口出生率有所下降，但是由于育龄妇女数量多、基数大，因此人口出生率仍然相对较高。人口死亡率处于低位相对静止状态，人口再生产类型仍处于"高低高"向"低低低"的转变过程中。

2000年第五次人口普查，截至2000年11月1日0时，全国总人口为129533万人，其中大陆31个省、自治区、直辖市（不包括福建省金门、马祖等岛屿）人口和现役军人共126583万人。[①]同1990年第四次全国人口普查的113368万人相比，10年间增加13214万人，增长率为11.66%，年平均增长率为1.07%。其中0~14周岁的人口为28979万人，占总人口的22.89%；65周岁及以上的人口为8811万人，占总人口的6.96%。同第四次全国人口普查相比，0~14周岁人口的比重下降了4.80个百分点，65周岁及以上人口的比重上升了1.39个百分点。人口出生率14.03‰，人口死亡率6.45‰，人口自然增长率7.58‰。与1990年相比，人口出生率下降7.03‰，人口死亡率下降0.22‰，人口自然增长率下降6.81‰。由此可以看出，得益于计划生育政策的实施，中国人口出生率由1953年的37‰下降至14.03‰，2000年的人口出生率仅为1953年的37.92%；人口死亡率则稳定在较低水平；人口自然增长率进一步下降，由1953年的23‰下降至2000年的7.58‰，2000年的人口自然增长率仅为1953年的32.96%。人口再生产类型"高低高"转向"低低低"的速度逐步加快。

从改革开放至2000年，中国处于人口红利期。王和梅森以人口抚养比作为人口红利的代理指标，提出在1982—2000年间，人口红利对中国经

[①]《第五次全国人口普查公报（第1号）》（2001-5-15），https://www.stats.gov.cn/sj/tjgb/rkpcgb/qgrkpcgb/202302/t20230206_1901984.html。

济增长的贡献为15%。①蔡和王的估计显示,同一时期抚养比下降对人均国内生产总值增长的贡献高达26.8%。②

2010年第六次人口普查,截至2010年11月1日0时,全国总人口数③为137053.6875万。其中,大陆31个省、自治区、直辖市人口和现役军人(不包括福建省金门、马祖等岛屿)共133972.4852万人。同第五次人口普查时的126582.5048万人相比,10年共增加7389.9804万人,增长5.84%,年平均增长率为0.57%。其中0~14周岁人口为22246万人,占16.60%;65周岁及以上人口为11883万人,占8.87%。同第五次全国人口普查相比,0~14周岁人口的比重下降6.29个百分点,65周岁及以上人口的比重上升1.91个百分点。1980—2010年,中国19~59周岁的劳动年龄人口年平均增长速度为1.8%,同期,非劳动力年龄人口(0~14周岁、60周岁及以上人口)的增长趋于停滞,年均增长率为-0.2%。劳动力年龄人口与非劳动力年龄人口的增长形成剪刀差,人口抚养比显著下降,形成"生之者众、食之者寡"的人口结构。④2010年,中国人口出生率11.9‰,人口死亡率7.11‰,人口自然增长率4.79‰。与2000年相比,人口出生率下降2.13‰,人口死亡率上升0.66‰,人口自然增长率下降2.79‰。随着计划生育的实施,以及人们生育意愿的转变,人口出生率进一步下降,但是下降速度开始减慢。2000年

---

① Wang Feng, Andrew Mason. The Demographic Facctor in China's Transition, in Brandt, Loren and Thomas G. Rawski(ed), *China's Great Economic Transformation*, Cambridge University Press, 2008.

② Cai Fang, Dewen Wang. China's Demographic Transition: Implications for Growth, in Garnaut, Ross and Ligang Song(eds), *The China Boom, and Its Discontents*, Asia Pacific Press, 2005.

③ 全国总人口为大陆31个省、自治区、直辖市人口和现役军人,以及香港特别行政区、澳门特别行政区、台湾地区的人口合计。

④ 蔡昉:《人口红利:认识中国经济增长的有益框架》,《经济研究》2022年第10期。

中国进入人口老龄化社会以后,老年人口数量增多,导致2010年人口死亡率较2000年有所增长。统计局数据显示,新中国成立60周年时,人口和计划生育政策的成功实施使中国少生了近四亿人。"低低低"特征的现代人口再生产类型已经形成,中国进入现代型再生产类型。[①]

2020年第七次人口普查[②],截至2020年11月1日0时,全国总人口[③] 1443497378人,其中大陆31个省、自治区、直辖市人口和现役军人合计141177.8724万人,同2010年第六次人口普查时的133972.4852万人相比,10年共增加7205.3872万人,增长率5.38%,年平均增长率为0.54%,人口增长率进一步下降。其中,0~14周岁人口为25338万人,占比17.95%;65周岁及以上人口为19064万人,占比13.50%。同第六次全国人口普查相比,0~14周岁人口比重上升1.95个百分点,65周岁及以上人口比重上升4.63个百分点。0~14周岁人口的增加主要得益于中国二孩政策的放开。按照年龄结构类型划分标准,65周岁及以上老年人口占比超过14%,即为深度老龄化社会。由此可见,截至2020年,中国即将进入深度老龄化社会。2020年中国人口出生率8.52‰,人口死亡率7.07‰,人口自然增长率1.45‰。与2010年相比,人口出生率下降3.38‰,人口死亡率下降0.04‰,人口自然增长率下降3.34‰。人口出生率已经下降至10‰以下,人口死亡率相对稳定,人口自然增长率进一步下降。"低低低"特征的现代人口再生产类型已经形成。

---

① 《统计局:新中国60年人口适度增长 结构明显改善》,https://www.gov.cn/gzdt/2009-09/11/content_1415054.htm。

② 国家统计局:《2020年第七次全国人口普查主要数据》,https://www.stats.gov.cn/sj/pcsj/rkpc/d7c/202303/P020230301403217959330.pdf。

③ 全国总人口为大陆31个省、自治区、直辖市的人口和现役军人,以及香港特别行政区、澳门特别行政区、台湾地区的人口合计。

2010年中国劳动年龄人口数量达到峰值,2011年开始出现负增长,人口抚养比开始提高。国内生产总值潜在增长率开始逐年下降。2010年之前,中国国内生产总值潜在增长率高于10%,"十二五"期间下降至7.6%,"十三五"期间继续下降至6.2%,预计在"十四五"期间将进一步下降到5.5%左右,并且减速还将继续下去。[①]国内生产总值潜在增长率的下降,标志着传统人口红利的消失。[②]

根据上述分析可以看出,新中国成立前,中国人口再生产类型呈现"高高低"特征,即高出生率、高死亡率、低自然增长率。新中国成立以后,中国人口再生产类型发生了两次重大转变。第一次重大转变出现在20世纪70年代前,随着人民生活水平的提高和医疗卫生事业的发展,人口死亡率快速下降,同时人口出生率一直维持在较高水平(1959—1961年三年严重困难时期除外)。由此,人口再生产类型由"高高低"转为"高低高"。20世纪70年代后,中国开始逐步实施计划生育工作,人口出生率开始下降,同时死亡率继续稳定下降,由此人口再生产类型发生第二次重大转变,由"高低高"向"低低低"转变。

到2010年为止完成第二次重大转变,进入现代型的人口再生产类型。中国人口再生产类型转变最显著的特点为"速度快、周期短"。发达国家通常是随着社会经济的发展,人口出生率和死亡率缓慢下降而逐步实现人口再生产类型的转变,是一个自然转变过程,经历的时间也会相对较长。而中国人口再生产类型从传统型到现代型只用了60年的时间。第一次人口

---

① Cai Fang, Yang Lu. The End of China's Demographic Dividend: The Perspective of Potential GDP Growth, in Garnaut, Ross, Fang Cai and Ligang Song (eds), *China: A New Model for Growth and Development*, ANU Press, 2013: 55–74.谢伏瞻、蔡昉、李雪松:《迈上新征程的中国经济社会发展》中国社会科学出版社,2020年。

② 蔡昉:《人口红利:认识中国经济增长的有益框架》,《经济研究》2022年第10期。

再生产结构的转变主要体现为人口死亡率的下降。1949年中国人口死亡率为20‰,1953年下降至14‰,1957年更是下降至10.8‰,这一速度大幅快于发达国家当时的水平。第二次人口再生产类型的转变主要是20世纪70年代中国逐步开始实施计划生育政策,人口出生率下降速度快、下降幅度大,最终使中国加速进入现代型人口再生产类型。

二、人口年龄结构由年轻型进入老年型

随着人口再生产类型的两次重大转变,中国的人口年龄结构也发生了较快的变化,先后经历了年轻型、成年型、老年型,目前已进入深度老龄化社会。

表3.2 年龄结构划分标准

（单位:%）

类型	0~14周岁人口占比	65周岁及以上人口占比	老少比	年龄中位数
年轻型	≥40	≤4	≤15	≤20
成年型	30~40	4~7	15~30	20~30
老年型	≤30	≥7	≥30	≥30

(一)年轻型社会(1953—1974年)

1953—1974年,中国处于年轻型社会。中国老年人口增加缓慢,老年人口占比处于低位,受两次"婴儿潮"的影响,0~14周岁人口比重增加快,人口总量也有增长。1953年,65周岁及以上老年人口占比为4.41%,到1964年不增反降,占比仅为3.45%,到1974年占比回到4.01%,[①]根据表3.2的划分标准,该时期的中国属于年轻型社会。

---

① 晏月平、黄美璇、郑伊然:《中国人口年龄结构变迁及趋势研究》,《东岳论丛》2021年第1期。

（二）成年型社会（1975—1999年）

1975—1999年，中国处于成年型社会。老年人口逐渐增加，老年人口占比略有增长，受计划生育政策的影响，中国在经历了第三次"婴儿潮"之后，人口出生率和自然增长率开始下降，人口死亡率维持在较低水平，人口结构发生根本性变化。

1975年，中国0~14周岁少儿人口占比为39.84%，65周岁及以上老年人口占比为4.08%，老少比为10.25%，根据少儿人口占比和老年人口占比可以判断，中国正式进入成年型社会。1999年，0~14周岁少儿人口占比为25.4%，65周岁及以上老年人口占比为6.9%，老少比为27.2%，根据少儿人口占比、老年人口占比、老少比三项指标来判断，中国仍处于成年型社会，但已经开始向老年型社会过渡。

（三）老年型社会（2000年至今）

2000年至今，中国进入老年型社会。随着经济发展、社会进步、医疗水平提高，中国人均预期寿命不断延长，而人口出生率逐步下降，人口老龄化程度逐步加深。2000年，中国0~14周岁少儿人口占比为22.9%，65周岁及以上老年人口占比为7%，老少比为30.4%，中国正式进入老年型社会。

中国人口老龄化的起点相对较低。1953年第一次人口普查，65周岁及以上老年人口占比仅为4.41%，到2000年中国进入人口老龄化时的7%，一共经历了47年的时间，增长了2.59个百分点。从2000年的7%到2020年的13.50%，仅花了20年的时间就增长了6.5个百分点，并逐步进入深度老龄化社会。

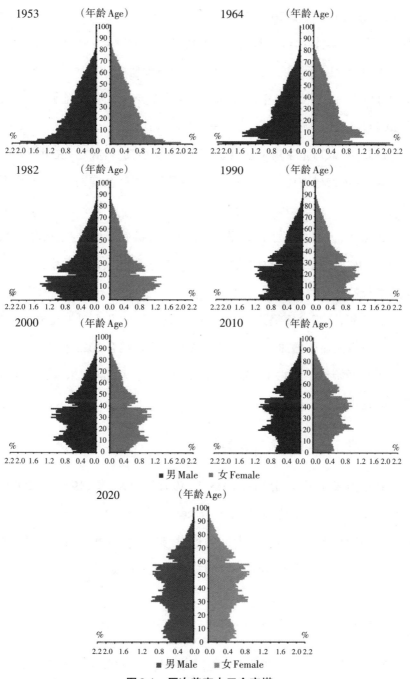

图3.1 历次普查人口金字塔

图 3.1 为 1953—2020 年中国人口年龄结构金字塔,生动形象地展示了不同人口年龄结构(分性别)的动态变化过程。人口金字塔,以人口年龄及性别为划分依据,按照年龄次序(从下向上年龄递增)形成塔状条形图。从图中可以看出,中国人口年龄由"正金字塔"逐步转变为"纺锤形"金字塔,[1]到 2020 年更是成为"蘑菇形"金字塔。[2]

1953 年,人口金字塔呈显著金字塔形,塔顶尖、塔底宽,说明少儿人口占比高,老年人口占比小,人口年龄中位数低,年龄结构偏年轻,人口不断积聚。

2000 年,人口金字塔开始呈现"纺锤形",塔底开始收窄,塔顶开始变宽,呈现出"两边窄,中间宽"的特点,人口出生率与人口死亡率接近,人口数量增长速度下降。

2020 年,人口金字塔进一步变成"蘑菇形",少儿人口占比显著减少,老年人口占比显著增加,人口老龄化程度加重。结合 2022 年以来,中国人口出生率开始低于死亡率,人口出现负增长,这就意味着未来 30 年内,中国老龄化程度会进一步加深。

三、老年人口数量增长加快

新中国成立至今,分别在 1953 年、1964 年、1982 年、1990 年、2000 年、2010 年、2020 年开展七次人口普查,表 3.3 与图 3.2 是中国老年人口在 1953—2020 年七次人口普查期间的数量与比例的变化。可以看出,中国老年人口的绝对数量快速增加的同时,占比也不断提高。

---

① 晏月平、黄美璇、郑伊然:《中国人口年龄结构变迁及趋势研究》,《东岳论丛》2021 年第 1 期。

② 杨鸿儒:《中国人口年龄结构变动对经济增长的影响研究》,吉林大学硕士论文,2020 年。

表3.3 历次人口普查老年人口占比状况

（单位：%）

指标	1953年	1964年	1982年	1990年	2000年	2010年	2020年
60+	7.32	6.13	7.62	8.57	10.33	13.26	18.70
65+	4.41	3.56	4.91	5.57	6.96	8.87	13.50

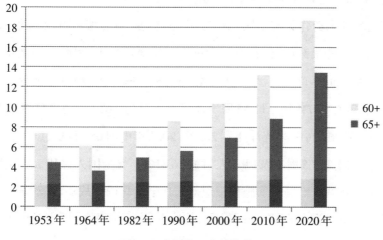

图3.2 中国人口老龄化状况

由表3.3和图3.2可以看出，除1964年第二次人口普查，其他历次人口普查中，不论是60周岁及以上老年人，还是65周岁以上老年人，占比都在快速提高。1953年，60周岁及以上老年人占比为7.32%，2000年占比为10.33%，47年内增长了3.01%，到2020年占比已经高达18.7%，20年内占比增长了8.37%；1953年，65周岁及以上老年人占比为4.41%，2000年为6.96%，47年内增长了2.55%，到2020年占比达到13.5%，20年内占比增加了6.54%。

学者们通常认为，中国的人口老龄化从20世纪70年代生育率下降开始。[①]1982年老年人口比例开始逐步上升，仅仅用了18年，到2000年进入

---

① 麻凤利：《中国老龄产业发展的机遇与挑战》，中国社会出版社，2010年，第3页。

人口老龄化阶段。同时可以看出,2000年以后,中国老龄化速度不断加快,"跑步"进入深度老龄化社会。

截至2022年末,全国60周岁及以上老年人口28004万人,占全国总人口的比重为19.8%;65周岁及以上老年人口20978万人,占全国总人口的比重为14.9%。全国65周岁及以上老年人口抚养比21.8%。[1]

与其他老龄化国家相比,中国的人口老龄化有显著不同。虽然中国老龄化程度不是最高的,但是基于中国人口绝对数量大,因此中国老年人口绝对数量居世界首位,且增长速度较快。根据联合国《2023年世界社会报告》数据统计,2021年全球65周岁及以上人口为7.61亿,到2050年将增加至16亿。[2]根据《中国统计年鉴2022》,2021年中国65周岁及以上人口为2.01亿,占全球65周岁及以上人口的26.41%。[3]《全国人民代表大会常务委员会专题调研组关于实施积极应对人口老龄化国家战略、推动老龄事业高质量发展情况的调研报告》预测,2050年左右,中国60周岁及以上老年人口预计达到峰值4.87亿,占届时全球老年人口的1/4。[4]

四、人口年龄中位数先下降后上升

年龄中位数,是将全体人口按照年龄大小顺序排列,居于中间位置的

①《2022年度国家老龄事业发展公报》(2023-12-14),https://www.mca.gov.cn/n152/n165/c1662004999979996614/attr/315138.pdf。

② 联合国:《世界人口老龄化,应重新考虑社会保障问题》(2023-1-13),https://www.un.org/zh/193220。

③ 国家统计局:《中国统计年鉴2022》(2022-2-28),https://www.stats.gov.cn/sj/ndsj/2022/indexch.htm。

④ 北京市人民代表大会常务委员会:《全国人民代表大会常务委员会专题调研组关于实施积极应对人口老龄化国家战略、推动老龄事业高质量发展情况的调研报告》(2022-9-2),http://www.bjrd.gov.cn/xwzx/qgrd/202209/t20220914_2815027.html。

年龄,用于反映人口年龄的集中趋势和分布特征,是人口年龄结构分类的一项重要指标。[①]

1953年中国人口年龄中位数为22.7岁,1964年为20.2岁,1974年为22.9岁。[②]根据联合国经济和社会事务部人口司《世界人口展望:2022年修订》,2022年中国人口年龄中位数为38.5岁,全球排名第47位。

2022年,在联合国统计的193个国家中,人口年龄中位数高于50周岁的只有摩纳哥,数值为54周岁。人口年龄中位数在40~50岁的国家共有35个,亚洲有3个国家,分别是日本、韩国、新加坡;北美洲有1个国家,加拿大;拉丁美洲有1个国家古巴,其余31个均为欧洲国家。人口年龄中位数在30~40岁的国家共有28个,其中亚洲有6个国家,分别是中国(38.5)、朝鲜(35.9)、泰国(39.7)、科威特(39.1)、格鲁吉亚(36.5)、塞浦路斯(38.1);非洲有1个国家,毛里求斯(37.1);北美洲有1个国家,美国(37.9);拉丁美洲有5个国家,分别是特多(35.9)、巴巴多斯(39.2)、安巴(35.1)、智利(35.2)、乌拉圭(35.4);大洋洲有3个国家,分别是澳大利亚(37.2)、新西兰(36.7)、帕劳(35.8);其余12个均为欧洲国家,包括英国(39.8)、瑞典(39.6)、挪威(39.6)、爱尔兰(38.0)、冰岛(36.2)、俄罗斯(39.0)、摩尔多瓦(35.2)、阿尔巴尼亚(37.6)、北马其顿(38.5)、黑山(38.4)、马耳他(39.3),卢森堡(39.0)。经过比较与计算,可以发现,中国年龄中位数排名全球第47位。

作为反映人口年龄结构的重要指标,中国人口年龄中位数由1953年的22.7岁上升到2022年的38.5岁,一方面体现出老年人口数量增加,另一方面体现出中国人口出生率逐步下降,从而导致人口自然增长率偏低。少

---

① 吴忠观主编:《人口科学辞典》,西南财经大学出版社,1997年。

② 晏月平、黄美璇、郑伊然:《中国人口年龄结构变迁及趋势研究》,《东岳论丛》2021年第1期。

儿人口占比少,老年人口占比高,年龄中位数就会上升。

改革开放以来,得益于三次"婴儿潮"带来的人口红利,中国经济取得高速发展。随着人口老龄化的加剧,传统人口数量红利对经济发展的拉动作用开始减弱,在此背景下,我们应实施积极老龄化政策,开拓老年消费市场,发展适老产业,延迟退休,开发利用老年人口资源,增加老年人就业,开启中国第二次人口红利。

第二节　人口老龄化的发展特征

一、老龄化起步晚,老年人口规模大,发展迅速

19世纪中后期,法国和瑞典先后进入人口老龄化社会,进入20世纪后,英国、美国、日本等国家也逐步进入人口老龄化社会。与这些国家相比较,中国2000年才进入人口老龄化阶段,比法国晚了130年。

中国是人口大国,也是老年人口大国。根据联合国2019年《世界人口展望》的统计,2020年全世界60周岁及以上的老年人口数量将达到10.5亿。[1]根据中国第七次人口普查数据,2020年中国60周岁以上老年人口数量为2.64亿人,占世界老年人口比重的25.14%。中国虽不是世界上老龄化程度最深的国家,但是由于人口数量基数大,老年人口数量远高于其他人口老龄化国家,因此中国是世界上老年人数量最多的国家。在此背景下,为了积极应对人口老龄化带来的社会问题,应积极开拓老年消费市场,开发利用老年人力资源,以实现第二次人口红利。

---

① 王晓辉、陈耀龙:《老年医学领域的临床实践指南:现状、挑战、发展》,《老年医学与保健》2022年第2期。

中国虽然进入人口老龄化的时间相对较晚,但是老龄化速度非常快,由老龄化社会转为深度老龄化社会的时间短、速度快。

表3.4 中国与部分国家老龄化速度比较

(单位:年)

国家	60周岁以上			65周岁以上		
	达10%时年份	达20%时年份	所用年数	达7%时年份	达14%时年份	所用年数
中国	2000	2027	27	2000	2028	28
日本	1970	1999	29	1970	1994	24
英国	1900	1980	80	1930	1975	45
法国	1850	1990	140	1865	1980	115
美国	1937	2015	78	1944	2010	66
瑞典	1890	1970	80	1890	1975	85

数据来源:联合国网站,牟方志:《十八大以来中国共产党应对人口老龄化的理论与实践研究》,西南交通大学博士论文,2022。

由表3.4可以看出,60周岁及以上老年人从占比10%到占比20%,法国用了140年,英国和瑞典用了80年,美国用了78年,即使是人口老龄化最严重的日本,也用了29年,比中国的27年还要多两年。而且,越早进入老龄化的国家,其老龄化程度加深所花费的时间越长。65周岁以上老年人占比从7%上升到14%,法国用了115年,瑞典用了85年,美国用了66年,英国用了45年,日本用了24年,而中国在2021年,65周岁以上老人实际已经占到14.2%,因此,中国实际用了21年,比日本还要少3年。2000年是中国人口老龄化的分水岭,在2000年之后,中国老年人口增长迅速。

二、人口老龄化地域分布不均,城乡差距进一步扩大

根据联合国标准,65周岁及以上老年人占比达到7%,为老龄化社会;占比达到14%,为深度老龄化社会;占比达到20%,则为超级老龄化社会。

中国幅员辽阔,不同地区之间发展存在显著差异,人口老龄化程度也存在明显区别。比较表3.5和表3.6可以看出,人口老龄化程度普遍提高的同时,不同区域人口老龄化存在一定的差距,最显著的特点是"以黑吉辽和川渝为两个高点,辐射全国,东高西低,北高南低"。全国老年人口占总人口比重平均值为14.88%,其中,东北地区老年人口数量占比高达18.76%,超过平均值3.88个百分点;其次是中部地区,老年人口占比为15.13%,超过平均值0.25个百分点;东部地区人口老龄化程度高于西部地区,为14.54%,低于平均值0.34个百分点;西部地区人口老龄化程度相对最低,为14.17%,低于平均值0.71个百分点。同时,可以看出,如果以65周岁及以上老年人口占总人口比重14%作为深度老龄化社会的划分界限,那么不论是人口老龄化相对严重的东北地区和中部地区,还是人口老龄化相对较轻的东部地区和西部地区,都已经进入深度老龄化社会。

表3.5 不同区域人口老龄化程度比较

（单位:人）

地区	老年人口数量	总人口	老年人口数量占比
东部地区	84270	579422	14.54%
中部地区	56488	373420	15.13%
西部地区	55591	392374	14.17%
东北地区	18531	98779	18.76%
全国	214880	1443995	14.88%

注:本表是2022年全国人口变动情况抽样调查样本数据,抽样比为1.023%,不包含香港、澳门和台湾地区。

数据来源:根据《中国统计年鉴2023》自行整理,其中老年人口指65周岁及以上老年人,https://www.stats.gov.cn/sj/ndsj/2023/indexch.htm。

东部地区人口老龄化程度低于全国平均水平,尤其是广东省老年人口比重仅为9.6%,远低于其他东部沿海地区。究其原因,主要得益于新型城镇化进程的加快。东北地区和中部地区人口流失相对严重,主要表现为劳动年龄人口与少儿人口的流出,从而造成东北地区和中部地区人口老龄化程度较为严重。而东部地区得益于新型城镇化建设,有大量年轻人进城务工,随着户籍、社会保障、医疗等制度的不断完善,以及家庭更加重视子女教育,因此更多的少儿人口随父母进入城镇,从而缓解了东部地区人口老龄化程度。

比较2020年第七次人口普查与2010年第六次人口普查的结果,分区域来看人口变动情况会发现,2010—2020年间东部地区和西部地区人口绝对数量增加,而中部地区和东北地区人口绝对数量减少。其中,东部地区人口所占比重上升2.15个百分点,既有人口自然出生率为正的影响,又有人口流入的因素;西部地区人口所占比重小幅上升0.22个百分点,主要是受人口自然出生率的影响;中部地区虽然自然人口出生率为正,但是人口流出较多,因此人口所占比重下降0.79个百分点;东北地区则是人口自然出生率为负,同时人口大量流出,导致人口所占比重下降1.2个百分点。[1]

东北地区人口老龄化程度必须引起国家和社会的高度重视。2020年第七次人口普查结果显示,东北地区人口比2010年第六次人口普查减少约1100万人,其中,人口减少数量最多的是黑龙江省,共减少646.4万人。东北地区人口老龄化并不仅是因为老年人口数量的增加,更主要的原因是人口出生率低和人口净流出的双重打击,同时,人口出生率低的影响远大于人口流出的影响。[2]人口出生率低,一方面是随着经济社会的发展,育龄人口的生育意愿下降所导致,另一方面也应该看到,劳动年

---

① 《2020年第七次全国人口普查主要数据》(2021-7-1),https://www.stats.gov.cn/sj/pcsj/rkpc/d7c/202303/P020230301403217959330.pdf。

② 敬奕步:《人口专家谈"七普"》,《老年日报》2021年5月15日。

龄人口及少儿人口的大量流出,导致育龄人口数量减少,从而导致人口出生率进一步下降,最终形成恶性循环;而老年人受多种因素的影响,流出的数量(尤其是户籍人口数量)相对较少,最终导致东北地区成为中国人口老龄化程度最严重的地区,老年人口数量占比超过全国平均水平3.88个百分点。

表3.6 全国及各地区老年人口比重

(单位:%)

地区	比重	地区	比重	地区	比重	地区	比重
全国	14.88	天津	17.01	内蒙古	14.69	贵州	12.12
辽宁	20.02	山东	16.72	陕西	14.68	云南	11.67
上海	18.67	湖北	16.29	河南	14.55	海南	11.29
重庆	18.30	湖南	16.12	山西	14.48	宁夏	10.43
四川	18.12	安徽	15.79	甘肃	13.43	青海	10.22
江苏	17.87	河北	15.64	广西	13.13	广东	9.60
黑龙江	17.82	北京	15.12	江西	13.03	新疆	8.39
吉林	17.75	浙江	14.91	福建	12.19	西藏	5.90

如表3.6所示,比较中国大陆31个省、自治区、直辖市老年人口比重可以看出,老龄化程度最高的是辽宁省,老年人口占比已超过20%,进入超级老龄化阶段。人口老龄化程度高于全国平均水平的有辽宁、上海、重庆、四川、江苏、黑龙江、吉林、天津、山东、湖北、湖南、安徽、河北、北京、浙江,共15个省份。除上述省份,老年人口大于14%的还包括内蒙古、陕西、河南、山西,因此,已经进入深度老龄化的省份共有18个(辽宁省已经进入超级老龄化阶段,不包括在内),已经进入人口老龄化的省份有11个,尚未进入人口老龄化阶段的省份只有西藏自治区。全国各地区人口老龄化程度快速加重,老龄化成为普遍趋势。

比较第七次人口普查与第六次人口普查的结果可以看出,2010年居住在城镇的人口占全国人口^①的比重为49.68%,2020年居住在城镇的人口占全国人口的比重上升至63.89%(其中,户籍人口城镇化率为45.4%^②),与第六次全国人口普查相比,截至2020年,城镇人口占比上升14.21个百分点,而居住在乡村的人口占比则由50.32%下降至36.11%,显示出中国城镇化进程的加快。^③

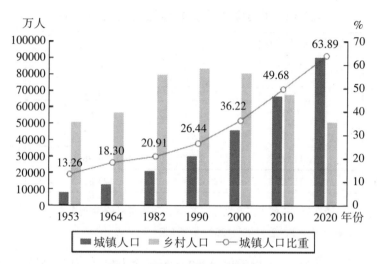

图3.3 历次人口普查城乡人口

资料来源:国家统计局:2020年第七次全国人口普查主要数据,https://www.stats. gov.cn/sj/pcsj/rkpc/d7c/202303/P020230301403217959330.pdf。

通过图3.3可以看出,随着社会进步和经济发展,中国城镇化水平在不断提高,从1953年的13.26%上升至2020年的63.89%,而且在2000年之后,城镇化进程有进一步加快的趋势。在发达国家,经济发展程度与人口

---

① 全国人口是指大陆31个省、自治区、直辖市和现役军人的人口数据,不包括居住在31个省、自治区、直辖市的港澳台居民和外籍人员。

② 此数据由公安部提供。

③《2020年第七次全国人口普查主要数据》(2021-7-1),https://www.stats.gov.cn/sj/pcsj/rkpc/d7c/202303/P020230301403217959330.pdf。

老龄化程度成正比,经济越发达,人口老龄化程度就越高,城市人口老龄化程度应高于乡村。但显然,这一现象在中国并不存在。伴随着城镇化进程的进一步加快,大量劳动年龄人口由乡村进入城镇,部分少儿也随着父母一起进城,增加了乡村老年人口占乡村总人口的比重,导致乡村人口老龄化高于城镇的现象。

表3.7 中国城乡人口老龄化[①]水平变化比较

年份	城镇人口老龄化(%)	增加值	乡村人口老龄化(%)	增加值
1964	8.22	—	6.55	—
1982	7.11	−1.11	7.77	1.22
1990	8.55	1.44	8.61	0.84
2000	9.68	1.13	10.92	2.31
2010	11.69	2.01	14.98	4.06
2020	15.82	4.13	23.81	8.83

资料来源:原新,范文清:《我国人口负增长和老龄社会的大趋势与新形势——基于"七普"数据再认识》,《晋阳学刊》2022年第1期。

由图3.3和表3.7可以看出,1982年第三次人口普查时,城镇人口占比为20.91%,城镇人口老龄化程度比1964年下降1.11个百分点。究其原因,伴随前两次"婴儿潮",人口数量增加快,但是中国尚未进入老龄化社会,老年人数量增加相对较少,因此城镇人口老龄化比率出现下降。同期,乡村人口老龄化增长1.22个百分点,其原因在于随着改革开放与中国城镇化的推进,大量劳动年龄人口进入城镇,导致乡村老年人口老龄化率上涨。

2000年标志着中国进入人口老龄化社会,城镇人口老龄化与乡村人口老龄化的差距也显著拉开。2000年乡村人口老龄化比重为10.92%,比城镇人口老龄化比重高1.24个百分点;到2020年,乡村人口老龄化比重为

---

① 人口老龄化水平根据60周岁及以上老年人口占总人口比重计算。

23.81%,比城镇人口老龄化比重高7.99个百分点。可以预见的是这一现象会长期存在并有加剧之势。[①]农村人口老龄化问题,不利于中国新农村建设,必须引起国家和社会的高度重视。

三、边富边老,人口老龄化超前于现代化

由于中国学者对于人口老龄化的研究,大多建立在国外一些理论的基础之上,而这些理论的提出又是基于发达国家的国情,因此不能将这些理论或经验直接应用于中国实际,而是要批判吸收,并形成符合中国国情的理论和经验。比如在前文我们曾经提到过,虽然中国早期学者使用"未富先老"一词,但实际上这一措辞并不恰当,用"边富边老"更加准确。

发展理论将人均国内生产总值1000~3000美元认定为工业化起飞阶段,该阶段社会不安定因素会增加;人均国内生产总值4000~6000美元为工业化中期,该阶段一些国家往往进入高危阶段;人均国内生产总值达到6000~8000美元,尤其是8000美元以后,绝大部分国家会进入一种新的社会稳定状态,[②]人均国内生产总值达1万美元时则被看成高收入门槛。[③]

由表3.8可以看出,中国自2000年开始进入人口老龄化社会时,按照现价美元计算,人均国内生产总值不足1000美元,因此当时很多学者提到中国"未富先老",这在当时的情况下确实是存在的。但在2000年之后,伴随着中国人口老龄化的加快,中国经济也快速发展,按照发展理论的观点,

① 原新、范文清:《我国人口负增长和老龄社会的大趋势与新形势——基于"七普"数据再认识》,《晋阳学刊》2022年第1期。

② 湖南省统计局:《湖南区域经济发展问题探析》,http://tjj.hunan.gov.cn/ttxw/201507/t20150717_3765112.html。

③《后发大国怎样跨越"中等收入陷阱"》,新华网,http://www.xinhuanet.com/politics/2016-07/27/c_129181610.htm。

中国在2001年开始进入工业化起飞阶段,到2010年开始进入工业化中期,2012年中国人均国内生产总值已经超过6000美元,并在2015年超过8000美元。2019年,人均国内生产总值更是突破1万美元,按照世界银行的观点,中国已经步入高收入门槛。同时,如果按照购买力平价(现价国际元)计算,中国在2000年已经进入工业化起飞阶段,而且在2011年就已经迈入高收入门槛。因此,我们可以认为中国人口老龄化与经济发展的关系用"边富边老"描述更加合适。

表3.8　2000—2022年中国人均国内生产总值

(单位:美元)

年份	现价美元	现价国际元
2000	959	2917
2001	1053	3208
2002	1149	3532
2003	1289	3939
2004	1509	4427
2005	1753	5056
2006	2099	5843
2007	2694	6819
2008	3468	7582
2009	3832	8306
2010	4550	9255
2011	5618	10293
2012	6317	11169
2013	7051	11873
2014	7679	12480
2015	8067	12898
2016	8148	13483
2017	8879	14244

年份	现价美元	现价国际元
2018	9977	15498
2019	10262	16655
2020	10409	17209
2021	12618	19485
2022	12720	21483

资料来源：世界银行国民经济核算数据，以及经济合作与发展组织国民经济核算数据文件，https://data.worldbank.org.cn/indicator/NY.GDP.PCAP.CD?end=2022&locations=CN&start=1999&view=chart。

中国老龄协会政策研究部主任李志宏在《积极应对人口老龄化中国特色道路的基本内涵和总体布局》一文中提到，2000年中国进入人口老龄化社会时，人口老龄化与经济发展协调指数超过50，到2019年该指数下降到30左右，中国进入"边富边老"国家行列。[①]

通常情况下，学者们在利用人均国内生产总值数据时，通常采用现价美元，没有考虑汇率问题。因此本书在比较中国进入老龄化社会时的人均国内生产总值水平时，仍采用现价美元的计算方式，虽然得出的结果与使用购买力平价略有区别，但仍可以说明中国的人口老龄化超前现代化实现。随着经济社会的发展，人们的生育意愿逐步下降，而随着生活水平的提高和医疗条件的改善，人均寿命逐步延长，因此人口老龄化应该与经济社会发展一致。回顾发达国家人口老龄化的历程，都是在基本实现现代化，人均国内生产总值超过1万美元，即迈入高收入门槛之后，才开始进入人口老龄化阶段。中国目前仍处于社会主义初级阶段，经济发展不平衡不

[①] 李志宏：《积极应对人口老龄化中国特色道路的基本内涵和总体布局》，《老龄科学研究》2020年第7期。

充分,继2000年中国进入人口老龄化社会之后,2021年中国已经进入深度老龄化社会,可以说,人口老龄化先于现代化到来。

表3.9 不同国家进入人口老龄化时的人均国内生产总值比较

国家	年份	人均国内生产总值(美元)	老年人口占比(%)
世界平均水平	2000	7446	6.9
中国	2000	959	7.0
美国	1950	10645	8.3
日本	1970	11579	7.1
韩国	2000	17380	7.1
新加坡	2000	23356	7.2

资料来源:世界银行网站 https://data.worldbank.org.cn。

如表3.9所示,2000年中国、韩国、新加坡65周岁以上老年人口均达到7%的人口老龄化分界线,其中新加坡略高,为7.2%,韩国为7.1%,中国为7.0%,此时世界平均老年人口占比已经达到6.9%。比较三个国家的人均国内生产总值水平可以发现,新加坡人均国内生产总值为23356美元,为中国人均国内生产总值的24.35倍;韩国人均国内生产总值为17380元,为中国人均国内生产总值的18.12倍;而中国人均国内生产总值只有959美元。美国和日本进入人口老龄化的时间相对较早,但是同期人均GDP也已经达到1万美元以上,进入高收入门槛。而中国进入高收入门槛的时间为2019年,是在进入人口老龄化9年之后,同时也伴随着人口老龄化的急速加剧。由此可见,中国人口老龄化超前社会现代化实现。

四、人口老龄化"高高高"趋势明显

中国人口老龄化呈现明显的"高高高"趋势,即老年人口抚养比高、高龄老年人口占比高、女性老年人口占比高。

(一)老年人口抚养比高

本书在第二章介绍了老年人口抚养比的概念。老年人口抚养比,又称老年人口抚养系数,指老年人口数量与劳动年龄人口数量之比。该指标反映的是,每100位劳动人口所负担的老年人口数量,比值越大,社会抚养老人负担越重,从而影响代际关系与社会保障制度的可持续性,并最终影响经济社会健康高质量持续发展。

表3.10 1982—2021年中国老年人口抚养比

(单位:%)

年份	总抚养比	少儿抚养比	老年抚养比
1982	62.6	54.6	8.0
1990	49.8	41.5	8.3
2000	42.6	32.6	9.9
2010	34.2	22.3	11.9
2020	45.9	26.2	19.7
2021	46.3	25.6	20.8

资料来源:根据国家统计局资料整理。

如表3.10和图3.4所示,1982—2010年,中国人口总抚养比和少儿抚养比均处于快速下降时期,主要原因是中国自20世纪70年代以来实施计划生育政策,人口出生率大幅度下降,导致少儿抚养比下降速度快。同期,老年人口数量虽然有所增长,但是增长速度远低于人口出生率的下降速度,而且大量少儿开始进入劳动年龄阶段,因此老年抚养比上升速度相对较慢。2010—2020年,总抚养比、少儿抚养比和老年抚养比均出现了不同程度的上升。究其原因,随着中国老龄化程度的加剧,原来的劳动年龄人口开始进入老年人行列,劳动年龄人口减少,因此老年抚养比上升较快,由2010年的11.9%上升至2020年的19.7%,仅10年的时间

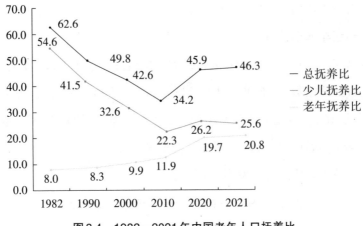

图3.4　1982—2021年中国老年人口抚养比

资料来源：根据国家统计局资料整理。

就增长了7.8个百分点，平均每年增长率0.78%。1982—2010年，老年抚养比从8.0%上升至11.9%，28年的时间，增长了3.9个百分点，由此可见，2010年之后，中国的老年抚养比增长速度非常快，中国的人口老龄化程度正在加速。中国先后于2013年、2016年实施"单独二孩政策""全面二孩政策"，新生儿人口数量增加，从而导致少儿抚养比有所上升。少儿抚养比与老年抚养比的共同上升必然推动总抚养比的上升。分析2021年的数据可以看出，中国老年抚养比已经超过20%，达到20.8%，比2020年增加了1.1%，人口老龄化增速继续加快，少儿抚养比则出现下降。基于少儿抚养比的下降，中国政府于2021年再次调整计划生育政策，一对夫妻可以生育三个子女，以此缓解少儿人口抚养比下降与老年人口抚养比快速上升的矛盾。

（二）高龄老年人口占比高

新中国成立以来，中国共产党带领中国人民创造了世所罕见的经济快速发展和社会长期稳定两大奇迹，中华民族迎来了从站起来、富起来到强起来的伟大飞跃。①社会稳定,经济发展,医疗条件持续改善,人民安居乐业,人口出生数量比新中国成立前有了大幅度增长。

表3.11 1949—2022年中国出生人口数量

(单位:万人)

年份	数量	年份	数量	年份	数量	年份	数量	年份	数量
1949	1391	1959	1306	1969	2502	1979	1738	1989	2432
1950	1471	1960	1468	1970	2801	1980	1797	1990	2391
1951	1441	1961	1141	1971	2516	1981	2092	1991	2258
1952	1724	1962	2092	1972	2480	1982	2265	1992	2119
1953	1675	1963	2787	1973	2491	1983	2080	1993	2126
1954	1851	1964	2414	1974	2255	1984	2077	1994	2104
1955	1861	1965	2480	1975	2126	1985	2227	1995	2063
1956	1736	1966	2483	1976	1866	1986	2411	1996	2067
1957	1900	1967	2174	1977	1798	1987	2550	1997	2038
1958	1714	1968	2772	1978	1757	1988	2307	1998	1991

资料来源:根据国家统计局资料自行整理。

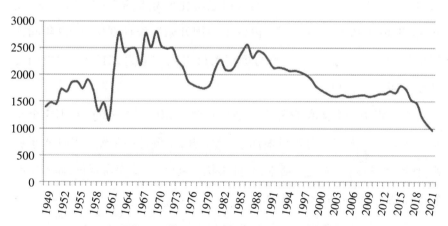

图3.5 1949—2022年中国出生人口数量

资料来源:根据国家统计局资料自行整理。

———

①《中共中央关于坚持和完善中国特色社会主义制度 推进国家治理体系和治理能力现代化若干重大问题的决定》(2019-11-5),https://www.gov.cn/zhengce/2019-11/05/content_5449023.htm?trs=1&wd=&eqid=bef5a32b0000af9a00000006648921d2。

根据表3.11和图3.5可以看出,新中国成立后,共经历了三次"婴儿潮"。第一次是1949—1958年,人口出生数量稳步增长,10年内共出生16764万人,平均每年出生1676万人。出生人口数量虽然不是最多的,但当时人口总量少,因此人口出生率非常高。这一批人已经步入老年阶段。1958—1961年,受自然灾害影响,人口出生数量大幅下降,1960年和1961年甚至出现了人口负增长。第二次"婴儿潮"可以认为是1962—1975年,共14年时间。这期间,每年人口出生数量均突破2000万,其中1963年、1968年、1970年,人口出生数量分别为2787万、2772万、2801万,14年共出生34373万人,平均每年出生2455万人。这两次"婴儿潮"为中国经济的快速发展提供了可观的人口红利,到现在为止,20世纪60年代出生的人群已经开始进入老年阶段,被称为"低龄老人"或者"新老人"。可以预判,未来10年,每年将会有2000多万劳动年龄人口步入老年人口行列,中国的人口老龄化形势非常严峻。第三次"婴儿潮"出现在1981—1997年。得益于中国开始实施计划生育,17年间人口出生数量为37607万人,平均每年人口出生数量为2212万,为中国经济发展减轻了人口负担。

有人将中国老龄化归咎为计划生育政策,其实这一观点并不完全正确。中国老年人口绝对数量增加、占比上升,主要得益于经济发展水平提高、医疗条件改善、人民生活幸福、健康状况良好、平均寿命延长,而不应归咎于计划生育政策并加以责难。①

---

① 郑志国:《中国人口老龄化的五个认识误区》,《江汉论坛》2023年第12期。

表3.12 2000—2020年不同年龄段老年人占比及预期寿命

指标	2000年	2005年	2010年	2015年	2020年
60~69周岁(%)	6.15	7.26	7.49	9.68	10.46
70~79周岁(%)	3.34	4.39	4.26	4.58	5.73
80周岁及以上(%)	0.97	1.35	1.58	1.89	2.54
预期平均寿命(岁)	71.4	72.95	74.83	76.34	77.93

资料来源：2000年数据是第五次全国人口普查机器汇总数据，https://www.stats.gov.cn/yearbook2001/indexC.htm；2005年数据是全国1%人口抽样调查样本数据，抽样比为1.325%，由于各地区数据采用加权汇总的方法，全国1%人口抽样调查样本数据合计与各分项相加略有误差，https://www.stats.gov.cn/sj/ndsj/2006/indexch.htm；2010年数据根据第六次人口普查自行整理，https://www.stats.gov.cn/sj/pcsj/rkpc/6rp/indexch.htm；2015年数据是2015年全国1%人口抽查调查样本数据，抽样比为1.55%，https://www.stats.gov.cn/sj/ndsj/2016/indexch.htm；2020年数据是根据第七次人口普查自行整理，https://www.stats.gov.cn/sj/ndsj/2021/indexch.htm。预期平均寿命数据，源于国家统计局：《中国统计年鉴2023》，https://www.stats.gov.cn/sj/ndsj/2023/indexch.htm。

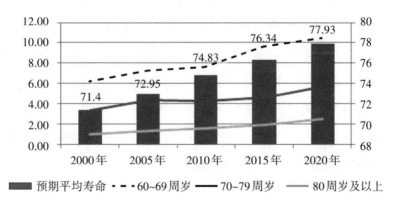

图3.6 2000—2020年不同年龄段老年人占比及预期寿命

由表3.12和图3.6可以看出，随着社会经济的发展、社会保障制度的完善、医疗水平的提高和人们健康意识的增强，中国人均预期寿命不断延长，2000年预期平均寿命71.4岁。按照世界卫生组织的标准，预期平均寿命达到70周岁的国家属于长寿国家，因此2000年中国进入长寿国家行列。[1]2010年预期平均寿命74.83岁,十年间预期平均寿命提高3.43岁;2020年预期平均寿命77.93岁,比2010年提高3.1岁。

通常,我们将60~69周岁老年人口称为低龄老年人口;70~79周岁老年人口称为中龄老年人口;80周岁以上老年人口称为高龄老年人口。根据表3.12和图3.6可以看出,2000—2020年,60~69周岁低龄老年人口占比由6.15%上升至10.46%,共上升4.31个百分点,上升率为70.08%;70~79周岁中龄老年人口占比由3.34%上升至5.73%,共上升2.39个百分点,上升率为71.56%;80周岁及以上高龄老年人口占比由0.97%上升至2.54%,共上升1.57个百分点,上升率为181.86%。虽然80周岁以上老年人口占比总量相对较低,但是增长速度非常快。鉴于新中国成立后即经历了1949—1958年第一次"婴儿潮"和1962—1975年第二次"婴儿潮",在此期间出生的人当前年龄为49~75周岁。因此,未来30年中国人口老龄化程度加深的同时,中龄老年人口及高龄老年人口的数量必然会大量增加。向运华等认为,中国80周岁以上高龄老年人口正以每年100万的速度递增。[2]2020年,中国人口数量141178万人,按照高龄老年人口占比2.54%计算,共有3586万。如果按照每年100万的速度递增,意味着未来中国高龄老年人口每年的增长率为2.79%。联合国预测,2050年中国80周岁以上高龄老年人口数量将达到1.08亿,占老年人口比重约22.3%,中国高龄老年人口数量相当于所有发达国家高龄老年人口的总和。[3]

---

① 国家统计局:《〈中国妇女发展纲要(2011—2020年)〉终期统计监测报告》(2021-12-21),https://www.stats.gov.cn/xxgk/sjfb/zxfb2020/202112/t20211221_1825526.html。

② 向运华、王晓慧:《新中国70年养老服务体系建设评估与展望》,《广西财经学院学报》2019年第6期。

③《国家应对人口老龄化战略研究总报告》,华龄出版社,2014年,第98页。

(三)女性老年人口数量明显多于男性

随着经济社会的发展,不论是男性还是女性,平均寿命都有所增加。受生物学和生理学因素、心理学因素、社会学因素等多种因素的影响,女性寿命普遍高于男性。表3.13为世界银行统计的1960—2020年女性、男性及平均预期寿命,从表中可以看出,1960—2020年,女性平均寿命由53周岁提高到75周岁,共提高22周岁;男性平均寿命由49周岁提高到70周岁,共提高21周岁;1960—1980年,女性平均寿命比男性高4岁;1990—2020年,女性平均寿命比男性高5岁。由此可以认为,老年人口尤其是高龄老年人口中,女性数量会明显高于男性。

表3.13　1960—2020年不同性别预期寿命

(单位:周岁)

项目	1960年	1970年	1980年	1990年	2000年	2010年	2020年
女性	53	60	64	68	70	73	75
男性	49	56	60	63	65	68	70
平均	51	58	62	65	68	71	72

注:本表所用预期寿命是世界银行根据男性和女性出生时的预期寿命推算得出。

资料来源:联合国人口司《世界人口展望报告(2008年修订本)》,2009年。世界银行官网,https://data.worldbank.org.cn/indicator/SP.DYN.LE00.IN?view=chart。

联合国《世界人口展望报告2022》[①]指出,2021年,全球范围内女性出生时的预期寿命为73.8岁、男性为68.4岁,女性比男性高5.4岁。该报告同时指出,女性的生存优势几乎在全世界所有国家和地区都有体现。澳大利亚和新西兰等国家女性寿命比男性平均高2.9岁,而拉丁美洲和加勒比地区这一差距达到7岁。

---

① 联合国:《世界人口展望报告2022》,第30页,https://www.un.org/development/desa/pd/sites/www.un.org.development.desa.pd/files/wpp2022_summary_of_results.pdf。

表3.14　2000—2020年按性别区分中国老年人口占比及预期平均寿命

（单位:%）

寿命	2000年		2005年		2010年		2015年		2020年	
	男	女	男	女	男	女	男	女	男	女
60~69周岁	3.15	3.00	3.70	3.56	3.80	3.69	4.83	4.85	5.20	5.26
70~79周岁	1.58	1.76	2.12	2.27	2.08	2.18	2.22	2.36	2.76	2.97
80周岁及以上	0.37	0.60	0.54	0.81	0.66	0.92	0.80	1.09	1.08	1.46
预期平均寿命	69.63	73.33	70.83	75.25	72.38	77.37	73.64	79.43	75.37	80.88

资料来源:与表3.13资料来源相同。

由表3.14可以看出,2000—2010年,60~69周岁的低龄老年人口中,男性占比高于女性,其中2000年高0.15个百分点;2005年高0.14个百分点;2010年高0.11个百分点;到2015年,女性占比超过男性0.02个百分点;到2020年,女性占比比男性高0.06个百分点。可见,在60~69周岁低龄老年人口中,女性占比上升速度快于男性。

70~79周岁中龄老年人口中,2000—2020年女性占比均高于男性,其中2000年高0.18个百分点,2005年高0.15个百分点,2010年高0.1个百分点,2015年高0.14个百分点,2020年高0.21个百分点。在70~79周岁中龄老年人中,女性数量显著超过男性,且增长速度也显著快于男性。

最需要关注的是80周岁及以上的高龄老年人口,女性数量远超过男性。2000年,中国总人口数量为129533万人,结合表3.14可以计算出,2000年80周岁及以上老年人口大约为1256万人,其中男性479万人,女性777万人,两者相差298万人;2020年,中国人口数量为141178万人,结合表3.14计算可知,80周岁及以上老年人口约3586万人,其中男性1525万人,女性2061万人,两者相差536万人。预计到2050年,中国女性老年人口将超过男性3000万。[①]因此,女性老年人口,尤其是女性高龄老年人口,要引起政府的关注。

分析人口老龄化性别特征时,不应只分析现在的老年人口,还应该结合中国总人口性别比来分析。2020年第七次人口普查数据显示,截至2020年,男性比女性多3490万,总人口性别比为105.07(女性人口=100)。1982年第三次人口普查时,人口性别比开始偏高,2004年达到峰值,之后开始下降,但是男性人口总量显著高于女性。20世纪70年代中国开始实施计划生育,一对夫妻生育一个孩子,出生人口性别比逐年提高。随着时间推移,出生人口性别比失衡逐步演化为性别失衡的社会形态,造成中国老龄化社会的三重难题:第一,男性与女性长期存在3000万的缺口,据预测,2015—2045年,中国男性终身未婚比例约为10%~15%,平均每年约有120万男性找不到初恋对象,[②]导致数以千万计的单身男性未来成为孤寡老人,增加社会养老负担;第二,与城镇相比较,农村单身男性数量更多,增加了农村养老的压力;第三,性别结构失衡,育龄妇女数量少,间接助力生育水平将持续走低,从而进一步加剧人口老龄化程度。[③]

五、空巢老人、留守老人数量庞大

随着中国经济社会的发展,流动人口规模不断扩大,人口分布的空间差异更加显著。根据第七次人口普查数据,2020年中国流动人口数量为

---

① 《2014中国老龄产业发展报告——中国空巢老人比例将达70%女性老人超男性3000万》,人民网,https://world.people.com.cn/n/2014/0924/c190970-25722340.html。

② 李树苗、靳小怡、王跃生:《中国人口性别结构与社会可持续发展》,社会科学文献出版社,2015年。

③ 原新、范文清:《我国人口负增长和老龄社会的大趋势与新形势——基于"七普"数据再认识》,《晋阳学刊》2022年第1期。

3.75亿人,占全国总人口占比为26.6%。1/4的中国人口进行流动迁徙,常住人口城镇化率为63.89%。人口流动由低流动、被动流动的"乡土中国"转为"高流动、主动流动"的"迁徙中国"。①随着中国城镇进程的加快,传统的乡村中国逐渐转型为城镇化中国,劳动年龄人口与少儿人口大量由农村转向城市,同时独生子女代际逐步进入适婚年龄,大量家庭进入"N-4-2-1"结构模式,"四世同堂""三代共居"的家庭户越来越少,"一家三口"是常态,家庭规模向小型化转变。根据历次人口普查的数据,1982年前中国平均家庭规模为每户4~5人,1990—2010年平均家庭规模为每户3~4人,到2020年平均家庭规模为2.62人,甚至跌破了"一家三口"的二代户家庭人口数量。呈现出"不婚、丁克、单亲、留守、空巢、独居"等非传统居住单位,空巢老人、留守老人和独居老人规模不断扩大。

空巢老人指子女不在身边时间超过一个月的60周岁及以上的老年人。②根据第四次中国城乡老年人生活状况抽样报告,2015年中国空巢老人占老年人口的比重为51.3%,其中农村地区略高,为51.7%。《2020中国农村养老现状国情调研报告》统计,大约有50%的农村老人处于空巢状态。专家预测,到2030年中国空巢老人比例将高达90%,预计将有超过2亿老年人成为空巢老人,农村地区空巢老人数量会显著高于城市。③

留守老人,又称农村留守老人,指子女每年外出务工时间累计6个月

---

① 段成荣:《由"乡土中国"向"迁徙中国"形态转变业已形成》,《北京日报》2021年11月19日。

② 陈忱:《我国空巢老人医疗服务利用及影响因素研究——基于CHARLS数据的实证分析》,北京协和医学院,2020年。

③ 梁芳、王彦茹、郑玉建:《乌鲁木齐市空巢老人生活质量调查》,《中国老年学杂志》2014年第16期。

及以上,自己常年留在农村户籍所在地的60周岁及以上的农村老年人。[1] 2020年第七次人口普查数据显示,中国留守老年人数量超过1亿人。[2]

《老龄蓝皮书:中国城乡老年人生活状况调查报告(2018)》指出,中国老年人口寿命质量并不乐观,只有1/3的老年人口身体健康状况良好,其中城镇老年人口健康状况优于农村老年人口,非独居老年人口健康状况优于独居老年人。2015年中国高龄老人超过3000万人,失能老人超过4000万人。到2000年,中国60周岁以上失能老人数量已经超过4200万人,占老年人口数量的比重约为16.6%。[3]

随着人民生活水平的提高和健康状况的改善,中国人口预期平均寿命延长。老年人对于幸福生活的追求不仅局限于物质水平的提高,对精神生活同样有较高的追求。关注空巢老人和留守老人,不单需要物质养老,而且需要精神养老。百善孝为先,孝道是中国优秀的传统文化,关注空巢老人、留守老人的精神健康,既是对传统文化的发扬,更是应对人口老龄化的重要举措。

六、老龄化与城镇化、信息化同步进行

发达国家的人口老龄化基本是在城市化基本实现、信息化尚未开始之际。中国的城镇化开始于改革开放,信息化开始于20世纪90年代,进入人口老龄化社会的时间为2000年,同期中国城镇化率为36.22%,2000年是中

---

① 汪成华:《子女外出务工对农村留守老人养老需求的影响研究》,重庆大学,2021年,第10页。

② 张苗苗、谢启文:《社区照顾视角下乡镇社工站服务留守老人的路径与对策研究——以河南省L县7个乡镇社工站为例》,《长沙民政职业技术学院学报》2023年第3期。

③ 牟方志:《十八大以来中国共产党应对人口老龄化的理论与实践研究》,西南交通大学硕士论文,2022年。

国老龄化、城镇化、信息化的转折点。

表3.15 2011—2020年人口老龄化、城镇化与信息化

项目	2000年	2010年	2020年
老年人口占比(%)	6.96	8.87	13.5
城镇化率(%)	36.22	49.68	63.89
互联网普及率(%)	21	34.3	70.4
网民规模(亿人)	—	4.57	9.89

资料来源：根据第五次、第六次、第七次人口普查数据，以及第27次、第35次、第47次《中国互联网络发展统计报告》整理得出。

由表3.15可以看出，2000年中国进入人口老龄化社会时，65周岁及以上老年人占比为6.96%，到2020年65周岁及以上老年人口占比达到13.5%；2000年，中国城镇化率为36.22%，到2020年城镇化率上升至63.89%；2000年，中国互联网普及率为21.0%，到2020年上升至70.4%。可见，中国人口老龄化、信息化与城镇化相伴而生，同步进行。

老龄化与数字化相互促进，相向而行。信息化、数字化、智能化为人口老龄化社会发展提供支持和帮助。信息技术运用到养老产业、医疗领域，大力发展智慧养老，完善养老服务体系，提供全面的智慧养老解决方案。同时也要看到老年人面临的数字鸿沟。对此，可以为老年人提供技术培训和支持，为老年人量身定做用户界面，帮助其合理规划数字化生活，从而适应数字时代，享受数字时代的红利。

人口老龄化将对城市的发展带来新的经济增长点。老年人的健康、养老、医疗需求，以及对于休闲娱乐、文化教育的需求都会给经济发展带来新的活力。虽然老年人口的增多会增加社会保障支出，但是老年人并不等于"负担"，还可以是一座"金矿"；不等于是人口负债，还可以是人口红利。数字经济时代，消费升级，互联网市场下沉。依托数字技术，开拓老年消费市场，发展银发产业，为中国的城镇化建设提供新动力，既有利于社会的和谐

稳定,又有利于社会经济高质量发展。

第三节　人口老龄化的发展趋势

联合国《世界人口展望报告2019》分别从中国人口年龄结构与人口老龄化程度两个角度对中国未来80年的人口老龄化趋势进行分析。①

一、人口年龄金字塔由"纺锤形"转变为"蘑菇型"

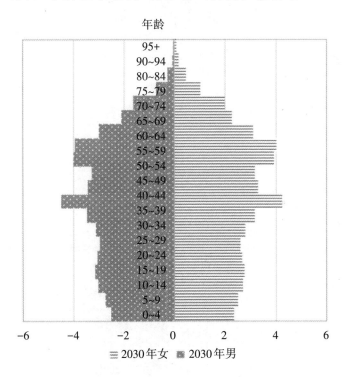

① 晏月平、黄美璇、郑伊然:《中国人口年龄结构变迁及趋势研究》,《东岳论丛》2021年第1期。

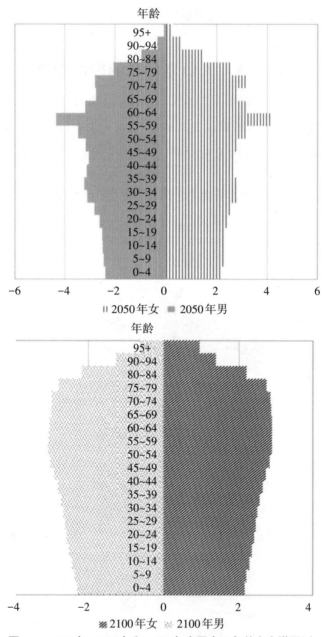

图3.7　2030年、2050年和2100年中国人口年龄金字塔预测

资料来源：United Nations，Department of Economic and Social Affairs，Population Division（2019）. World Population Prospects: The 2019 Revision . New York: United Nations.

根据世界人口展望预测数据,2030年中国人口金字塔仍为"纺锤形",塔底继续收窄,塔顶逐渐变宽,中间相对较宽,表明少儿人口增长慢,老年人口增长快,人口结构仍以劳动年龄人口居多。男性比重明显高于女性,尤其体现在40~44周岁和55~59周岁这两个年龄段。

2050年,中国人口金字塔整体变窄,呈现典型的"铅笔型",尤其是少儿人口和劳动年龄人口大量减少,老年人口占比增加,尤其是高龄老人数量显著增加。老年人口数量的增加,并不等于是人口负担,还可以是人口金矿,为经济发展带来老龄人口红利。老年消费市场广阔,老年人力资源供应充足,采取积极老龄化战略,赓续人口红利,是中国经济高质量增长的主要抓手。

2100年,中国人口金字塔中部及塔底进一步收窄,塔顶高于塔底,呈现典型的"蘑菇形",最值得关注的是高龄老人数量的迅速增加。充分利用数字技术,发展智慧养老产业,应对人口老龄化,不但有利于社会稳定、家庭和谐,更是中国经济高质量发展的重要推动力。

二、老年人口,尤其是高龄老年人口占比加速提高

根据表3.16,联合国2019年预测数据显示,2020—2100年,中国低龄老年人口占比将由43.04%下降至18.64%,下降幅度最大;中龄老年人口占比将由41.50%下降至2100年的36.8%,下降速度相对较慢,下降态势平缓;高龄老年人口占比将由15.45%上升至44.56%,呈现快速上升的特点。

低龄老年人口占比的变动为"下降—上升—下降",2020—2070年呈下降趋势,2070—2080年呈上升趋势,2080年以后继续下降,最终低龄老年人口比重由43.04%下降至18.64%,未来80年低龄老年人口占比共下降24.4个百分点。

表3.16 2020—2100年中国65周岁以上老年人口变动趋势预测

（单位：%）

年龄段	2020年	2025年	2030年	2040年	2050年	2060年	2070年	2080年	2090年	2100年
65~69周岁	43.04	35.29	36.02	30.86	24.32	22.03	19.63	21.64	19.76	18.64
70~79周岁	41.50	49.32	47.28	48.23	44.15	45.12	39.11	37.31	40.21	36.80
80周岁以上	15.45	15.40	16.70	20.92	31.53	32.86	41.26	41.05	40.04	44.56

资料来源：United Nations, Department of Economic and Social Affairs, Population Division (2019). World Population Prospects: The 2019 Revision. New York: United Nations.

中龄老年人口占比的变动呈现"波浪形"的特点，具体体现为：2020—2025年上升，2025—2030年下降，2030—2040年上升，2040—2050年下降，2050—2060年上升，2060—2080年下降，2080—2090年上升，2090—2100年下降。总体波动幅度不大，2020—2100年，占比由41.50%下降至2100年的36.8%，未来80年共下降4.7个百分点。

高龄老年人口占比增长趋势显著。2020—2100年，高龄老年人口占比快速上升，人口高龄化趋势明显，占比将由15.45%上升至44.56%，未来80年共上升29.11个百分点。

2020年开始，少儿人口数量及比重开始下降。如图3.8所示，根据联合国2019年预测，2020年中国少儿人口数量为24014万人，占比17.12%；到2100年少儿人口数量仅为13491万人，占比13.43%，未来80年少儿人口将减少10523万人，占比下降3.69个百分点。同时可以看出，自2040年开始，少儿人口占比将保持相对稳定。

劳动年龄人口数量持续减少。2020年中国劳动年龄人口为99310万人，占比70.79%；2100年，中国劳动年龄人口下降为53048万人，占比52.82%。未来80年中国劳动年龄人口将减少46262万人，占比下降17.97

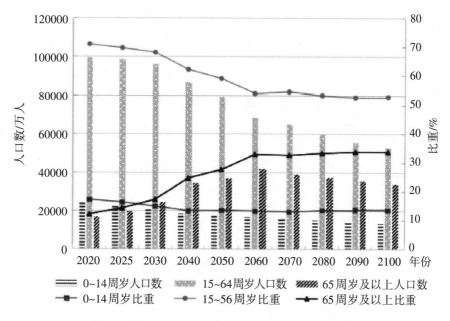

图3.8　2020—2100年中国分年龄组人口分布状况预测

资料来源：United Nations，Department of Economic and Social Affairs，Population Division（2019）. World Population Prospects: The 2019 Revision . New York: United Nations.

个百分点。

少儿人口与劳动年龄人口绝对数量与占比的下降，代表着老年人口占比的提高。根据图3.8可以看出，2020年中国老年人口数量为16961万人，经过2060年的高点42008万人之后开始下降，到2100年老年人口数量为33900万人。老年人口占比则由2020年的12.09%上升至2090年的峰值33.78%之后下降至2100年的33.75%，这就意味着从2090年开始，每三个人中就有一个老年人。

同时，从图3.8可以看出，2025—2030年间，老年人口占比将超过少儿人口占比，之后老年人口占比继续快速上升，少儿人口占比继续下降，两者的差距越来越大。

应对老年人问题，关键在于民生建设；应对人口老龄化问题，关键在于经济发展。人口机会是实现人口红利的前提,带来的是人口数量红利;经济社会政策是实现人口红利的必要条件,带来的是人口质量红利;在人口结构进入现代型,人口再生产类型进入"低低低"阶段时,把积极应对人口老龄化融入国家战略的框架,开拓老年消费市场,开发利用老年人力资源,将人口数量红利与人口质量红利相结合,赓续新的人口红利。[1]

———————

[1] 原新、金牛、刘旭阳:《中国人口红利的理论建构、机制重构与未来结构》,《中国人口科学》2021年第3期。

第四章　实施积极应对人口老龄化国家战略

　　2000年中国进入人口老龄化社会,仅过了21年,中国就进入深度老龄化社会。人口老龄化问题成为未来很长一段时间中国的基本国情。老年人口数量多,增长速度快,高龄老年人数不断增加,是中国人口老龄化的典型特征。人口老龄化问题是中国亟须解决的社会问题,也是经济可持续发展必须解决的问题,是一个复杂而深刻的社会课题。依据习近平总书记关于积极应对我国人口老龄化问题的重要论述,实施积极应对人口老龄化国家战略,只有从经济、政治、社会等多个领域中寻找应对解决方案,才能有效解决人口老龄化带来的问题,实现人民群众特别是老年人对美好生活的追求,实现经济的高质量可持续发展。

第一节　中国共产党关于
马克思主义人口思想的继承发展

　　马克思认为,每一种特殊的、历史的生产方式都有其特殊的、历史地发生作用的人口规律。[①]根据马克思的观点,在制定人口政策时必须考虑中国的实际国情,并根据人口结构的改变适时进行调整。新中国成立至现在,人口再生产类型由"高高低"的传统类型转变为"低低低"的现代化类

---

① 《马克思恩格斯文集》(第五卷),人民出版社,2009年,第728页。

型,人口结构由年轻型转变为老年型,中国的人口政策也要适时进行调整。中国共产党始终坚持人与社会、自然协调发展,这也是中国应对人口老龄化应遵循的基本准则。

第一,确立计划生育基本策略。建党初期,李大钊在《战争与人口》一文中阐释了人口与经济发展的关系,提出只有发展生产才能解决人口问题。落后的社会制度制约生产力的发展,唯有将落后的社会制度进行变革才能解除生产力发展的桎梏,才能解决人口问题。中国共产党人已经认识到人口发展与经济社会发展之间的重要关系,这成为中国共产党人口思想的起点。

新中国成立到改革开放初期,中国共产党的人口思想由"限制节育、鼓励生育"逐步转变为"限制生育、计划生育"。新中国成立后,在"人多力量大"的观念下,基于国民经济恢复与建设的需要,毛泽东提出"限制节育、鼓励生育"的人口政策。①伴随着人口出生率的快速上涨,中国共产党逐步认识到制定人口政策应与经济发展相适应。1957年,毛泽东指出:"我们作计划、办事、想问题,都要从我国有六亿人口这一点出发……"②1965年周恩来指出:"怎样使我国人口能有计划地生育,这是一个伟大的事业。现在全国有七亿人,如果不实行计划生育,人口增长得太快,生产就跟不上,这是一个大问题。"③1971年,国民经济发展计划首次提出要"控制人口增长";1973年国家将"晚、稀、少"作为生育宣传口号;1980年国家提倡只生

---

① 杨成钢、杨紫帆:《中国共产党百年人口思想与马克思主义人口理论的现代化和中国化》,《人口研究》2021年第6期。

② 《毛泽东文集》(第七卷),人民出版社,1999年,第227—228页。

③ 《周恩来选集》(下卷),人民出版社,1997年,第445页。

育一个孩子；1982年"计划生育"作为基本国策写入宪法。[①]至此，中国共产党的人口思想初步形成。

第二，坚持统筹人口与经济社会发展的工作主线。1978年实施改革开放以来，中国经济社会发展成就举世瞩目，同时中国共产党的人口思想不断完善。邓小平提出"科学技术是第一生产力"。江泽民将人口问题置于可持续发展战略的第一位。胡锦涛坚持以人为本、全面协调可持续的科学发展观。人口问题的本质就是发展问题，人口政策要实现人与经济、社会和谐发展，科学对待经济发展与人口资源环境的关系。人口思想的不断完善为中国解决人口老龄化问题提供了新的视角。

第三，坚定人口长期健康均衡发展的目标。2000年以来，中国加速进入深度人口老龄化社会，经济社会高质量发展和"两个一百年"奋斗目标的实现面临巨大挑战。人口结构改变对中国经济结构调整和资源环境的可持续发展的影响深刻而广泛。全方位解决人口政策面临的问题，才能实现经济社会高质量可持续发展。

习近平强调，中国人口与经济、资源环境之间的紧张关系在未来相当长的时期不会改变，必须长期坚持计划生育。[②]党的二十大报告指出，中国式现代化是人口规模巨大的现代化、是全体人民共同富裕的现代化、是人与自然和谐共生的现代化，深化了人口发展对于中国实现现代化的重大意义。党的十八大以来，中国生育政策逐步放开，先后实施"单独二孩""全面二孩""三孩政策"，实施健康中国、人才强国战略。人口整体质量提高，实现人与经济社会全面和谐发展。

---

① 王钦池、贺丹、张许颖、张莉：《中国共产党百年人口思想：回顾、总结与展望》，《人口研究》2021年第5期。

② 《习近平对人口与计划生育工作作出重要指示》，《人民日报》2016年5月19日。

第二节 习近平总书记关于积极
应对人口老龄化的重要论述

习近平在坚持马克思主义人口思想的基础上,立足中国人口老龄化的基本国情,对中国的人口问题作出科学判断,提出积极应对人口老龄化国家战略,为中国应对人口老龄化指明方向。

一、正确看待老龄化问题

随着生产发展、社会进步、医疗水平提高,人类的预期平均寿命延长,老年人数量增加。同时,随着生育观念的改变,人口出生率不断下降,从而导致人口的自然增长率下降,人类社会进入人口老龄化阶段。因此,人口老龄化是社会生产力发展到一定水平的必然结果,不能将人口老龄化等同于人口老龄化问题。我们应该立足中国国情,辩证地看待人口老龄化,积极应对人口老龄化给国家和社会带来的挑战,在挑战中寻找机遇并积极应对,推动经济社会健康发展。

(一)科学认识中国人口老龄化

人口老龄化是社会进步的标志。马克思指出,贫困会产生人口。在生产效率低下的情况下,只有通过增加劳动力数量才能维持生产。新中国成立后,为了快速恢复经济、发展生产,中国提出"限制节育、鼓励生育"的人口政策。在此背景下,中国经历了两次"婴儿潮"。第一次是1949—1958年,人口出生数量稳步增长,10年时间,共出生16764万人,平均每年出生1676万人。第二次"婴儿潮"是1962—1975年,14年共出生34373万人,平均每年出生2455万人。这两次"婴儿潮"为中国经济的快速发展提供了可观的人口红利。

随着社会的稳定和经济的发展,中国的生产力水平不断提高,经济发展取得了很大进步。尤其是改革开放以来,顺应生产力发展要求,建立起社会主义市场经济体制。经济发展和社会进步使人均寿命不断提高的同时,人口出生率下降,人口结构发生改变,由年轻型转为老年型,中国逐步进入人口老龄化社会。

(二)深刻领会"积极应对"

习近平指出,要积极看待老龄社会,积极看待老年人和老年生活。积极老龄观的关键在于"积极应对"。一方面,要有积极的思维,超前预判、提前部署。人口老龄化不只是老年人需要面对的问题,更是全社会要共同面对的问题。习近平强调,要将解决人口老龄化问题同促进经济社会发展和满足老年人需求相结合,将老龄化问题上升到国家发展安全和百姓福祉的高度。另一方面,全社会也应积极参与应对。习近平就应对中国人口老龄化问题的主体提出了明确要求,指出要将党委领导、政府主导、社会参与、全民行动结合起来。老龄化问题是全局性社会问题,只有充分调动社会各方面,形成全社会参与行动的全新态势,才能积极应对中国人口老龄化。①

(三)老年人是宝贵的社会财富

孝道文化是中华优秀传统文化。老年人不是人口负债,而是人口红利,是宝贵的社会财富。随着社会生产力的发展和科技水平的进步,中国老年人口质量不断提高。尤其是低龄老年人,通常拥有健康的身体和较高的文化水平。②尤其是"60后"新生代老年人,"人老身心不老",身心健康、态度积极,乐于探索和学习,既有延续人生价值的能力,又有为社

---

① 《习近平强调推动老龄事业全面协调可持续发展》,《人民日报》2016年5月29日。
② 老龄健康司:《2020年度国家老龄事业发展公报》,国家卫生健康委员会,2021年10月15日。

会做贡献的意愿。老年人相比年轻人具有更多的智力优势、经验优势与财富优势。他们既是消费市场的重要组成部分,又是就业市场重要的补充力量。发展适老产业,带动消费市场发展,同时充分调动老年人力资源,延迟退休,有助于实现第二次人口红利,对于中国经济高质量发展具有重要意义。

莫道桑榆晚,为霞尚满天。习近平充分肯定老年人在国家和社会发展中的积极作用。他第一次在《人民日报》发表署名文章,便是号召青年干部要尊老敬老,要学习、传承、发扬老干部的优良传统和品德。习近平指出,"老干部是党和国家兴旺发达的重要资源和重要力量"[1],"希望老年人坚持老有所为,继续为社会发光发热"[2],由此可以看出习近平对老年人这一重要宝贵资源的认可和重视。

二、筑牢社会保障基础

社会保障是全体社会成员的基本屏障,直接影响民生的底线水平。主动防范和化解老龄化社会可能带来的风险,筑牢社会保障基础,对于应对中国人口老龄化尤为重要。

(一)实现经济与人口老龄化协调发展

习近平强调,要将应对中国人口老龄化同促进经济社会发展结合起来,[3]调整经济结构、改变经济发展模式、实现经济高质量发展是实现经济与人口老龄化协调发展的关键。

---

① 习近平:《老干部是推进中国特色社会主义伟大事业的重要力量》,《人民日报》2019年12月17日。

②《习近平给澳门街坊总会颐骏中心长者义工组老人的回信》,共产党员网,https://www.12371.cn/2019/10/07/ARTI1570415609635952.shtml。

③《习近平强调推动老龄事业全面协调可持续发展》,《人民日报》2016年5月29日。

2014年习近平指出要深刻认识中国经济发展新常态,他指出,通过降低经济增长速度、调整经济结构、转换增长动能,全面优化经济增长方式,[①]为经济发展新常态下积极应对人口老龄化提供了战略指导。第一,经济增速降低有助于缓解劳动人口老龄化问题。习近平指出,我国经济发展面临换挡节点,如同18岁之后的身高生长速度,会逐步下降,但质量会越来越高。[②]第二,经济结构优化升级重在供给侧改革,重点扶持与老年人需求相适应的医疗、养老、教育等产业有利于银发经济的蓬勃发展。第三,由生产要素驱动转向创新驱动,有助于缓解人口老龄化所带来的问题。在新常态的经济发展过程中,保持经济与适老产业协调发展。科技创新是创新驱动的直接体现,依靠科技创新,减少对劳动人口的依赖,积极开发老年人力资源,开拓老年消费市场,解决人口老龄化问题。实现经济高质量发展,打牢经济基础,才能增加老年人的福祉,实现老年人对美好生活的追求,才能刺激消费扩大内需,从根本上解决人口老龄化问题。

(二)优化分配格局,促进共同富裕

习近平指出,共同富裕是社会主义的本质要求,是中国式现代化的重要特征。"要加大力度,完善公共政策,让人民能够合理地共享发展成果,有更多的获得感。"[③]

一方面,要通过经济的高质量发展增加居民收入,提高居民自身养老能力。财富的提高与收入水平的提高是养老能力提升的重要手段。习近平指出,在新的发展阶段,优化分配结构、发展壮大中等收入群体、提升初

---

①《习近平首次系统阐述"新常态"》,新华网,http://www.xinhuanet.com/politics/2014-11/09/c_1113175964.htm。

②《习近平在省部级主要领导干部学习贯彻党的十八届五中全会精神专题研讨班上的讲话》,《人民日报》2016年1月18日。

③习近平:《扎实推动共同富裕》,《当代党员》2021年第21期。

次分配比重、增加中低收入人群收入等都是提高人民生活品质的重要手段。①《国家积极应对人口老龄化中长期规划》指出,要通过完善国民收入分配体系和分配格局来增加个人的养老储备。"十四五"规划明确指出:通过拓展增收渠道、优化再分配机制提升人民的收入水平。可支配收入的增加不但可以提高生活品质,增强幸福感,而且有助于提高人民的自我养老能力。

另一方面,要充实社保基金,共享发展成果。当前,社会保险收入在老年人的收入来源中占比较高。习近平十分关注老年人的退休生活保障,多次指示划转国有资本,弥补社保基金缺口。②基本养老保险覆盖人数超过10亿人③,成为中国积极应对人口老龄化的重要举措之一。

(三)建立健全社会保障体系,提高保障能力

习近平指出:"社会保障是保障和改善民生、维护社会公平、增进人民福祉的基本制度保障。"④随着高龄老年人口数量的增加,全面建成多层次社会保障体系,尤其是对高龄老人和失能老人的养老、医疗、失能照顾的保障,尤为重要。习近平指出,要坚持党的领导,坚持人民至上,建设有中国特色的社会保障体系,维护社保基金的安全,保护好人民的利益和养老钱,⑤充分彰显了人民至上的服务理念。全面建成多层次社会

---

① 习近平:《新发展阶段贯彻新发展理念必然要求构建新发展格局》,《先锋》2022年第9期。

②《中共中央关于全面深化改革若干重大问题的决定》(2023-11-27),http://www.npc.gov.cn/zgrdw/npc/xinzhuanti/xxgcsbjszqhjs/2013-11/27/content_1814720.htm。

③《党的二十大报告辅导读本》,人民出版社,2022年,第10页。

④ 习近平:《促进我国社会保障事业高质量发展、可持续发展》,《当代党员》2022年Z1期。

⑤ 习近平:《促进我国社会保障事业高质量发展、可持续发展》,《当代党员》2022年Z1期。

保障体系,补齐短板,全面提升保障能力,才能更好地满足人民对美好生活的追求。

三、改善劳动力供给

随着中国人口老龄化程度的加深和人口出生率的下降,中国劳动年龄人口规模持续下降。开发老年人力资源,延迟退休,释放老年人才红利,有助于改善劳动力供给,助力经济可持续发展。

一是适度提升人口增长水平。保持人口适度增长,改善人口结构是应对中国人口老龄化的重要举措。党的十九届一中全会上,习近平强调,要把人民群众关心的事当作自己的大事,实施更加积极的生育政策。党的十八大以后,生育政策逐步优化和完善。2013年"单独二孩"、2016年"全面二孩"、2021年"三孩政策"[①]的实施,有利于缓解人口低速增长的现状,实现人口的长期均衡发展。

二是加强人才资源供给。千秋基业,人才为本。经济的高质量发展要靠人才,积极应对人口老龄化问题需要人才的支撑。加强人才资源供给、提升劳动力质量,才能有效弥补劳动年龄人口数量减少带来的劳动力缺口,缓解人口老龄化问题,实现经济可持续发展。

三是延迟退休,释放老年人口红利。开发利用老年人力资源,释放老年人口红利,是在中国传统人口红利减弱的背景下,积极应对人口老龄化的重要举措,对赓续人口红利、实现经济发展、促进社会进步具有重要意义。习近平指出,在法定退休年龄改革上要凝聚社会共识,形成合力,要将

---

① 《中共中央 国务院关于优化生育政策促进人口长期均衡发展的决定》,《人民日报》2021年7月21日。

改革的方向、力度和节奏控制在人民可接受的范围之内。①目前,中国的人均预期寿命从改革开放初的66岁提高到2021年的78.2岁。②日本在2021年将最高退休年龄规定为70周岁,法国、德国和西班牙将在2029年前,延迟领取养老金的年龄至67周岁。③相比之下,中国的法定退休年龄明显偏低,中国应持续推进延迟退休。2013年党的十八届三中全会明确提出,要制定渐进式延迟法定退休年龄政策。"十三五"规划、"十四五"规划也提出实施渐进式延迟法定退休年龄政策。党的二十大报告中,习近平指出要实施渐进式延迟法定退休年龄。④2022年12月,习近平在中央经济工作会议中指出,将适时实施延迟法定退休年龄政策,应对中国人口老龄化、少子化。⑤实施渐进式延迟退休,可以实现增长、财政、投资三重红利:首先,可以增加老年人收入,有助于扩大老年消费,促进经济增长;其次,从社会保障制度的角度来看,有助于缓解日益紧张的养老金支付压力;最后,有助于教育、护理、医疗康养等行业的发展。

四、提升养老服务能力

第一,完善养老服务体系。习近平一直牵挂老年人的晚年生活。党的十八大以来,习近平多次深入基层走访慰问老年人,深入调研养老服务工作,并对养老产业发展提出明确要求。2012年,养老服务纳入老年人权益保障法;2015年,国家部署医养服务结合;2017年,提出构建"居家社区机

---

① 习近平:《促进我国社会保障事业高质量发展、可持续发展》,《当代党员》2022年Z1期。
② 国家卫生健康委员会:《2021年我国卫生健康事业发展统计公报》,2021年。
③ 彭希哲、宋靓珺:《退休年龄改革:社会观念的变革与制度实践的创新》,《社会保障评论》2021年第3期。
④《党的二十大报告辅导读本》,人民出版社,2022年,第43页。
⑤《中央经济工作会议在北京举行》,《人民日报》2022年12月17日。

构相协调,医养康养相结合"的养老服务体系。①由政府主导,完善养老行业顶层设计,提供政策与资金支持,吸引社会资金介入,推动养老事业与养老产业协同发展,为完善养老服务体系提供保障。

第二,加强多方协同发展。习近平在调研社区居家养老服务中心时提出,要多方面满足老年人的需求,推动养老事业多元化、多样化发展。②家庭、社区、社会养老机构是承载养老服务的主要载体,其中社区居家养老是首选,养老服务机构是有效补充。"十三五"期间,政府共投入超过300亿元资金,支持居家和社区养老服务事业试点工作。③同时,习近平强调要提高养老院服务质量。④2019年《关于推进养老服务发展的意见》出台,着力解决机构入驻、社会力量参与、行业监管等难题。

第三,推进医养康养融合。习近平强调要坚持医养结合,建立老年人长期护理制度,为老年人提供丰富的一体化健康养老服务。⑤2015年国务院部署医养结合工作。2017年中央经济工作会议提出支持社会资本参与养老、医疗领域。⑥2019年《关于深入推进医养结合发展的若干意见》进一步推动医养结合、提高医养结合服务质量。2022年,多部门联合印发《关于进一步推进医养结合发展的指导意见》,提出15条措施推进医养融合。

---

① 张婷:《贯彻国家战略 擘画中国特色养老发展蓝图》,《中国社会报》2022年9月29日。

②《习近平元旦前夕在北京市看望一线职工和老年群众》,《人民日报》2013年12月29日。

③ 马丽萍:《让幸福养老在家门口落地—全国居家和社区养老服务5年改革试点综述》,《中国社会报》2022年4月7日。

④ 习近平:《从解决好人民群众普遍关心的突出问题入手 推进全面小康社会建设》,《人民日报》2016年12月22日。

⑤《习近平关于社会主义社会建设论述摘编》,中央文献出版社,2017年,第107页。

⑥ 张婷:《贯彻国家战略 擘画中国特色养老发展蓝图》,《中国社会报》2022年9月29日。

2021年教育部增设"医养照护与管理"专业,培养专业人才;国家卫健委出台医养机构服务和管理指南,为医养结合提供了标准、规范和保障。①

五、构建老年友好型社会

在党的十九大报告中,习近平指出构建养老孝老敬老的社会环境,为中国构建老年友好型社会、应对人口老龄化指明了方向。

一是保护老年人合法权益。1996年开始实施的《中华人民共和国老年人权益保障法》是保障老年人合法权益的法律依据。积极应对人口老龄化的三大支柱之一即为"保障",保障老年人合法权益是积极应对人口老龄化的必然要求。为满足新时代老龄工作要求,2022年4月最高人民法院出台意见,推动构建老年友好型社会。

二是营造老年宜居环境。随着经济的发展与社会的进步,人们对于生活环境的要求逐步提高。同时,数字技术的快速发展与普及应用极大地便利了人们的生活。适老化改造一直是习近平关注的重点。老年人在接受新事物、学习新技能、适应新环境等方面存在一定困难,智能设备和互联网的使用很大程度上影响着老年人的生活体验。对此,工信部在移动通信方面对多个公共服务类网站和手机应用程序进行适老化、无障碍改造,②极大地改善了老年人的智能生活体验,有助于提升其共享新技术的幸福感。2023年《中华人民共和国无障碍环境建设法》审议通过,为保障残疾人与老年人平等、充分、便捷地融入社会生活提供法律保障。

---

① 《国家卫生健康委员会2021年4月9日例行新闻发布会文字实录》,http://www.nhc.gov.cn/xcs/s3574/202104/0c1cf92f2b7b4cfe890234a1c3d5593f.shtml.2021-4-8。

② 《工业和信息化部举行切实解决老年人运用智能技术困难新闻发布暨成果展示会 刘烈宏出席并发布重要成果》,https://www.miit.gov.cn/jgsj/xgj/scgl/art/2020/art_f45be4657158421784ec79a5077574c2.html,2020-12-25。

三是强化社会敬老氛围。孝道文化是中华民族的优良传统文化,尊老敬老是中华民族的传统美德。习近平指出,要在全社会倡导尊敬老人、关爱老人、赡养老人,开展人口老龄化国情和老龄政策法规教育,帮助老年群体度过美好晚年生活。老年人安享晚年,首先要有尊老敬老的社会环境。习近平强调,要在全社会范围内增强积极应对人口老龄化的思想观念。①2018年,全国老龄办开展人口老龄化国情教育;2020年《人口老龄化国情教育知识读本》出版。同时,各地持续开展敬老文明活动,弘扬孝老敬老的社会风尚,营造敬老文明活动的良好氛围。习近平强调,要大力弘扬孝老敬老传统美德,落实好老年优待政策。②

第三节　实施积极应对人口老龄化国家战略

2002年,第二届老龄问题世界大会将积极老龄化写入《老年问题政治宣言》。之后,中国一直将积极老龄化作为认识和解决老龄化问题的根本依据。2006年,《中华人民共和国国民经济和社会发展第十一个五年规划纲要》正式提出"积极应对人口老龄化"的概念。2012年,党的十八大报告中提出:"积极应对人口老龄化,大力发展老龄事业和产业。"2017年《国家人口发展规划(2016—2030年)》再次强调积极应对人口老龄化的重要性,并要求构建应对人口老龄化的制度框架。2020党的十九届五中全会提出"实施积极应对人口老龄化国家战略",积极老龄化从理论转化为战略实践。

---

①《习近平在二〇一九年春节团拜会上的讲话》,《人民日报》2019年2月4日。《习近平强调推动老龄事业全面协调可持续发展》,《人民日报》2016年5月29日。

②《习近平对老龄工作作出重要指示强调贯彻落实积极应对人口老龄化国家战略 让老年人共享改革发展成果 安享幸福晚年》,《人民日报》2021年10月14日。

积极老龄化是在健康老龄化的基础上提出的,是健康老龄化的升级。积极应对人口老龄化国家战略,是中国政府结合中国国情,解决人口老龄化问题的综合体系,是积极老龄化的创新和升级。"应对"一词,将理论转化为实践。积极应对,强调积极进取而非消极退缩;强调乐观向上而非悲观畏难;强调主动开拓,而非消极应付;强调超前部署,而非滞后反应;强调坚强有力,而非软弱无能。"积极应对人口老龄化"是对积极老龄化做出的更高水平的诠释,是中国应对人口老龄化探索出的新思路。

人口老龄化,不仅是人口结构问题,更是关系人民幸福、社会和谐、经济可持续发展的社会问题。实施积极应对人口老龄化国家战略,要以人民为中心,健全多层次社会保障制度,开发老年人力资源,增加老年人收入,提高老年消费能力,真正实现老年人"老有所养、老有所医、老有所为、老有所学、老有所教、老有所乐"。积极应对人口老龄化,事关国家发展全局和亿万百姓福祉,事关中华民族伟大复兴的中国梦,对于实现经济高质量发展、实现国家长治久安具有重大意义。

第五章 大力发展适老产业，开拓银发市场

人口老龄化问题是21世纪全世界要共同面对的社会问题，也是今后较长一段时间中国的基本国情。[①]妥善解决人口老龄化带来的问题，事关人民幸福、社会稳定、经济发展、国家长治久安。2021年，中国65周岁以上老年人占比超过14%，标志着中国已经进入深度老龄化社会。从2000年进入老龄化社会到2021年进入深度老龄化社会，中国只用了短短21年时间，且未来人口老龄化速度会进一步加速。老年人数量多，增长速度快，老年抚养比不断提高，人口结构金字塔从"标准金字塔"转为"陀螺式金字塔"。同时，随着经济社会的发展，老年人对生活质量的要求越来越高，"老有所养、老有所医、老有所教、老有所学、老有所乐、老有所为"[②]，才能满足老年人对美好生活的追求。"六个老有"中，老有所养是前提和基础。老有所养，并不仅是由政府来"养老"，而是大力发展适老产业，积极开发老年消费市场，将"老有所养"与"老有所乐"结合在一起，满足老年人物质和精神需求的同时，释放银发经济活力，以适老产业带动经济发展，拉动社会需

---

①《中共中央 国务院印发〈国家积极应对人口老龄化中长期规划〉》(2019-11-21)，https://www.gov.cn/zhengce/2019-11/21/content_5454347.htm?eqid=ecabfe0600050233000000026461a36a。

②《中共中央组织部、人力资源和社会保障部关于印发〈关于进一步加强新形势下离退休干部工作的意见〉的通知》(中组发〔2008〕10号)，http://zzb.chancheng.gov.cn/zzb/xinxi/201709/a9350b1a4d5b4b8fbe6fcf20e0ba1fdc.shtml。

求,是积极应对人口老龄化、实现经济高质量增长的有效路径。

2019年《国家积极应对人口老龄化中长期规划》①明确提出,要夯实应对人口老龄化的社会财富储备,打造高质量的为老服务和产品供给体系。2023年5月,二十届中央财经委员会第一次会议指出:"实施积极应对人口老龄化国家战略,推进基本养老服务体系建设,大力发展银发经济。"②2024年1月,国务院发布《国务院办公厅关于发展银发经济增进老年人福祉的意见》(国办发〔2024〕1号)。

国家发展改革委公布的数据显示,2020年,中国银发经济总规模约5.4万亿元,占全球比重是5.56%,同期中国老年人口占全球老年人口的比重高于20%。③工业和信息化部消费品工业司司长指出,2022年中国老年用品市场规模达4.6万亿元,2021—2022年平均增速达10%。④2024年1月16日,国务院发展研究中心研究员指出,中国银发经济规模高达7万亿元,占国内生产总值比重6%。到2035年,银发经济规模将达到30万亿元,占国内生产总值比重约10%。⑤

随着人们生活水平的提高,以"60后"为代表的"新老年群体"推动老

---

①《中共中央 国务院印发〈国家积极应对人口老龄化中长期规划〉》(2019-11-21),https://www.gov.cn/zhengce/2019-11/21/content_5454347.htm?eqid=ecabfe060005023 3000000026461a36a。

②《创新养老产品、改善消费环境、激发消费潜能——银发消费让老年人幸福生活》,https://www.miit.gov.cn/threestrategy/dtzx/schj/art/2023/art_a8f28fcd5ed64506ad3ad3c 9d4fe1d57.html。

③《国家发改委:中国银发经济总规模约5.4万亿元,占全球银发市场5.56%》,https://hbsjzxh.hebtu.edu.cn/a/2022/11/09/FB204F9E481F40F4A13135931A75A72B.html。

④《聚焦"一老一小"新需求,轻工业优供给拓市场》,https://www.gov.cn/yaowen/li-ebiao/202310/content_6908265.htm。

⑤《朝闻天下丨我国首部"银发经济"政策文件出台 适老化成为新课题》,https://www.ndrc.gov.cn/xwdt/spfg/mtjj/202401/t20240117_1363422.html。

年需求结构从生存型向发展型转变。[①]发展银发经济顺应时代要求,满足老年人多层次、多样化的产品和服务需求。促进银发消费、发展银发经济,开发银发红利,提升老年人的安全感和幸福感,既是关爱老年人、提高老年人生活品质的要求,也是实现中国经济高质量发展的必然要求。

第一节　老年人收入状况

消费取决于收入,一般情况下,消费与收入成正比。[②]2021年贾晗睿指出,中国老年人的收入差距较大。[③]研究表明,居民城乡差距与消费差距相关。[④]乐昕对老年群体的收入与消费进行研究,得出结论:中国老年人确实消费差距突出,高收入老人的消费水平显著高于低收入老人,而且这种消费差距在低龄老年人中更大。[⑤]老年人消费差距不仅体现在消费水平方面,而且体现在消费结构方面。[⑥]不同收入水平的老年人消费的侧重点不尽相同。结合马斯洛的需求层次理论,低收入老年人主要关注的是生理需求与安全需求,包括衣食住行等基本的生存需求及财产安全与生命健康,

---

① 《2023年老年用品市场规模达5万亿元 银发经济催生新领域新赛道》,《北京日报》2024年1月23日。

② 万广华、罗知、张勋、汪晨:《城乡分割视角下中国收入不均等与消费关系研究》,《经济研究》2022年第5期。

③ 贾晗睿、詹鹏、李实:《收入再分配与老年人收入差距》,《中国人口科学》2021年第1期。

④ 朱琛:《城乡居民收入与消费差距的动态相关性——基于1992—2009年经验数据的考察》,《财经科学》2012年第8期。

⑤ 乐昕:《我国老年消费数量的人群差异研究——以2011年CHARLS全国基线调查数据为例》,《人口学刊》2015年第5期。

⑥ 杨继生、邹建文:《人口老龄化、老年人消费及其结构异质性——基于时变消费效用的分析》,《经济学动态》2021年第11期。

而高收入老年人在满足基本的生理需求与安全需求的基础上更注重情感需求与尊重需求,追求更高的消费质量,注重提升消费层次。

积极应对人口老龄化,发展适老产业,促进老年消费,开发银发红利,需要老年群体的有效融入。激发老年消费活力,提高老年人的收入水平是关键。1982年维也纳老龄问题世界大会提到:"保障老年人收入意味着作为一种公共政策应该确保老年人有足够的收入支付某一特定社会的最低标准的生活费用。"

一、老年人收入的主要构成

根据国家统计局收入分类方法,居民可支配收入①包括工资性收入②、经营净收入③、财产净收入④和转移净收入⑤四部分。老年人收入的构成与劳动年龄人口存在显著区别。为了更准确地分析老年人的收入情况,本书将老年人收入按照来源分为三个层面,即个人层面,家庭层面、政府层面,

---

① 可支配收入,包括工资性收入、经营性收入、财产性收入、转移性收入。

② 工资性收入,指就业人员通过各种途径得到的全部劳动报酬和各种福利,包括受雇于单位或个人、从事各种自由职业、兼职和零星劳动得到的全部劳动报酬和福利。

③ 经营净收入指住户或住户成员从事生产经营活动所获得的净收入,是全部经营收入中扣除经营费用、生产性固定资产折旧和生产税之后得到的净收入。

④ 财产净收入包括利息净收入、红利收入、储蓄性保险净收益、转让承包土地经营权租金净收入、出租房屋净收入、出租其他资产净收入和自有住房折算净租金等,但不包括转让资产所有权的溢价所得。

⑤ 转移净收入计算公式为:转移净收入=转移性收入-转移性支出。其中,转移性收入指国家、单位、社会团体对住户的各种经常性转移支付和住户之间的经常性收入转移,包括养老金或退休金、社会救济和补助、政策性生产补贴、政策性生活补贴、救灾款、经常性捐赠和赔偿、报销医疗费、住户之间的赡养收入,本住户非常住成员寄回带回的收入等。转移性支出指调查户对国家、单位、住户或个人的经常性或义务性转移支付,包括缴纳的税款、各项社会保障支出、赡养支出、经常性捐赠和赔偿支出,以及其他经常转移支出等。

再根据收入性质具体分为五小类，即个人层面的劳动收入与财产收入，家庭层面的家庭转移收入，以及政府层面的社会保险转移收入、公共财政转移收入，如表5.1所示。

表5.1 中国老年人收入构成

（单位：元/年）

指标		获得渠道	组成内容
个人	劳动收入	劳动	工资收入、商业收入、副业收入等
	财产收入	市场	不动产租赁、储蓄、投资等
家庭	家庭转移收入	家庭	子女、亲友等非正式援助
政府	社会保险转移收入	政府	基本养老保险、医疗、工伤保险
	公共财政转移收入	政府	高龄津贴、最低生活保障等

一是劳动收入。老年人的劳动收入，是指老年人"退而不休"，达到退休年龄后，仍然从事有偿劳动而取得的收入，包括工资收入、商业收入、副业收入等。劳动收入是老年人收入的重要组成部分。劳动收入既包括城镇职工退休后再就业取得收入，又包括乡村地区老年人继续从事农业生产劳动取得的收入。截至2024年9月《全国人民代表大会常务委员会关于实施渐进式延迟法定退休年龄的决定》颁布前，中国的职工退休年龄是男性60周岁，女干部55周岁，女工人50周岁。胡雯通过分析数据指出，2020年中国平均退休年龄为57.5岁。1962—1975年中国第二次"婴儿潮"持续了14年，其间，每年人口出生数量均突破2000万，其中1963年、1968年、1970年，人口出生数量分别为2787万、2772万、2801万，14年共出生34373万人，平均每年出生2455万人。现在第二次"婴儿潮"时期出生的人已逐渐到达退休年龄，可以预测，未来10年中国每年将有超过2000万人进入"退休潮"。"前程无忧"发布的《2022老龄群体退休再就业调研报告》显示，68%的老年人退休后再就业意愿

强。[①]随着人口老龄化进程的加快,延迟退休势在必行。促进低龄老年人再就业,释放第二次人口红利,既可以增加老年人收入,又可以缓解社会用工难问题,同时有助于提高老年消费活力,拉动内需,为经济社会发展提供动力。

二是财产收入,是指老年人利用自己的动产和不动产取得的各类投资性收入,包括通过银行存款、有价证券等取得的利息、红利、储蓄性保险收益等金融资产收益,以及转让承包土地经营权取得的租金净收入和出租房屋及其他资产取得的净收入。[②]其中,储蓄型保险净收益包括补充养老保险、征地养老保险和商业养老保险等。

三是家庭转移收入,即家庭成员供养,指家庭成员给予老年人的赡养费和馈赠财物,主要是子女对老年人的经济供给,即所谓的代际经济支撑。需要注意的是,随着经济发展、城镇化进程加快,越来越多的年轻人选择与父母分开居住,家庭结构趋于核心化。同时,由于住房、教育、医疗支出高,可能无力支付老年人赡养费,甚至出现"老年人补贴年轻人"的收入代际逆向流动。

四是社会保险转移收入,即居民达到退休年龄后由政府发放的退休金。社会保险转移收入的来源是社会养老保险,主要包括城镇职工基本养老保险和城乡居民基本养老保险,其中,城乡居民基本养老保险是将原来的城镇居民社会养老保险与新型农村社会养老保险合并而成。2022年,个人养老金制度开始实施,允许参加城镇职工基本养老保险或城乡居民基本养老保险的劳动者每年缴纳上限12000元作为个人养老金并允许抵扣

---

① 《"退休潮"中,60后重返职场》,https://www.hubpd.com/detail/index.html?contentId
=7782220156098792347。

② 孙小雁:《中国城乡老年人收入:个人、家庭和政府的作用》,上海社会科学院,
2021年。

个人所得税。个人养老金制度被称为中国养老保险体系"第三支柱"。也有作者认为，社会保险转移收入包括基本医疗保险和工伤保险，[1]社会保险转移收入是指定期支付养老金，而医疗保险并不会直接支付给老年人，而是报销医疗费用。因此，不应属于社会保险转移收入。在本书中，社会保险转移收入仅指个人退休后实际领取的退休金。

五是公共财政转移收入，包括高龄津贴、最低生活保障、独生子女老年补助、失能老人护理补贴等。公共财政转移收入是国家给予特定老年人的四笔补贴。高龄津贴指专门为高龄老人发放的津贴。区别于前文高龄特指"80周岁及以上的老年人"，高龄津贴在发放时，不同地区具体发放标准和条件有所不同。最低生活保障，即"低保"，是国家对于生活水平低于当地最低生活保障标准的家庭给予的社会救助制度。独生子女老年补助，是指因响应国家计划生育政策而在达到退休年龄后可以领取的奖励扶助补贴，持有《独生子女父母光荣证》的老年人可以领取。失能老人护理补贴是针对失去生活自理能力的老年人给予的财政补助，不同地区的政策和补贴标准均有所不同。

二、老年人收入来源占比及特征

随着中国经济的快速发展与社会保障制度的不断完善，老年人的收入提升较为显著。同时，伴随着中国人口老龄化程度的加深，老年人的收入来源变化较为显著，如表5.2所示。

---

① 孙小雁：《中国城乡老年人收入：个人、家庭和政府的作用》，上海社会科学院博士论文，2021年。

表5.2　2005—2020年中国老年人收入来源构成状况

（单位:%）

对象	类别	2005年	2010年	2020年
个人	劳动收入	27.98	29.07	21.97
	财产收入	0.29	0.37	0.88
家庭	家庭转移收入	46.62	40.72	32.66
政府	社会保险转移收入	21.58	24.12	34.67
	公共财政转移收入	1.76	3.89	4.29
其他	其他	1.77	1.83	5.53

注:根据历次人口普查数据和国家统计局年度抽样数据计算,其中2005年为全国1%人口抽样调查数据,2010年、2020年为全国人口普查数据。

资料来源:张琳、董克用、张栋:《中国老年人养老财富储备:现状、问题与优化路径》,《新金融》2023年第9期。

收入来源占比的特征大致有四点:一是收入渠道多元化,劳动收入占比下降。通过表5.2可以看出,2005—2010年,中国老年人的劳动收入占比略有增加,2010—2020年,劳动收入占比显著下降,占比由29.07%下降至21.97%,下降7.1个百分点。分析其原因,2005—2010年,中国尚处于低龄老年社会,60~69周岁老年人占比相对较高。低龄老年人身体健康,就业意愿比较强烈。天津社会科学院的调查数据显示,60~65周岁的低龄老年人中有再就业意愿的比例为62.1%,[①]因此这段时期劳动收入占老年人的收入比重稳中有增。2010年之后,中国老龄化速度加快,中龄老年人和高龄老年人数量快速增加。中龄老年人和高龄老年人身体机能显著下降,从事再生产的概率下降,劳动收入减少。

二是投资方式增加,财产收入占比有所上升。目前,财产收入占老年人收入的比重相对较低,但是比较2005—2020年的数据可以看出,财产收

[①]《教育发力让老龄就业之路更顺畅》,《中国教育报》2023年2月28日。

入占比呈递增趋势，由2005年的占比0.29%上升至2020年的0.88%。虽然总体占比仍然非常低，但是由于老年人收入的基数增长快，因此实际老年人取得财产收入的绝对数值在15年内有较大的增长。随着经济发展和老年人总体收入水平的提高，老年人积累了一定的动产和不动产。通过银行存款、有价证券等金融资产投资取得的利息、红利、储蓄性保险收益等金融收益，通过转让承包土地经营权、出租房屋及其他资产取得租金，构成老年人的财产收入。[1]随着中国资本市场不断完善、养老金融逐步推广和老年人收入的不断增加，老年人的理财意识不断提高，老年人财产收入的渠道将不断拓宽，财产收入的占比也会显著提高。

三是传统家庭养老观念有所减弱，家庭转移收入占比下降速度快。家庭转移收入是老年人收入的重要组成部分，尤其是在农村地区，家庭转移收入占比相对更高。近年来，家庭转移收入占比有下降趋势。比较2005—2020年的数据可以看出，家庭转移收入占比由46.62%下降至32.66%，15年时间内下降13.96个百分点，且出现占比低于社会保险转移收入的情况。人口普查数据显示，中国的家庭结构变化显著，家庭规模不断缩小，逐步呈现"N-4-2-1"结构模式，"四世同堂""三代共居"的家庭户越来越少，"一家三口"是常态，家庭规模向小型化转变。根据历次人口普查的数据，1982年前中国平均家庭规模为每户4~5人，1990—2010年平均家庭规模为每户3~4人，到2020年平均家庭规模为2.62人，甚至跌破了"一家三口"的二代户家庭人口数量。随着家庭结构的改变，"养儿防老"的传统家庭养老观念有所减弱，社区养老、机构养老占比有所提高，老年人取得的家庭转移收入占比下降速度快，甚至出现"老年人补贴年轻人"的收入

---

① 孙小雁：《中国城乡老年人收入：个人、家庭和政府的作用》，上海社会科学院，2021年。

代际逆向流动。

四是养老金体系不断完善,社会保险转移收入显著增加。党的十八大以来,中国的养老保障制度不断完善,养老金水平不断提高。中国自1994年开始实施养老金调整制度,之后养老金水平不断提高,截至2023年,企业退休人员人均养老金水平超过3000元。[①]养老金覆盖面的扩大和养老金水平的不断提高,为中国老年人的退休生活提供了有力的保障。表5.2数据显示,2020年,社会保险转移收入占比已经超过家庭转移收入。未来,中国应进一步加大财政投入力度,加强养老金制度建设,实现养老金收入来源多元化,增加老年人的福利待遇,提高老年人的水平品质,让老年人生活更加幸福、安乐。

第二节 老年人消费现状及发展趋势

随着人口老龄化的加剧,老年人的消费潜力被积极预估,老年人也成为当代消费市场的"新贵"。波士顿咨询公司(BCG)发布报告显示,全球中老年群体规模庞大且仍在增长,每年消费支出约7万亿美元,占消费总额的27%。[②]2014年《中国老龄产业发展报告(2014)》估计,2014—2050年中国老年人口的消费潜力将从4万亿元提高至106万亿元,占国内生产总值的比重由8%提高至33%。届时中国将成为全球老龄化产业市场潜力最大

---

①《完善养老保险体系 提高养老保障水平——访中国社会保障学会副会长、浙江大学国家制度研究院副院长金维刚》,http://smzt.gd.gov.cn/mzzx/llyj/content/post_4195184.html。

②《12大关键市场 中老年群体每年消费支出约7万亿美元》,《金融时报》2023年8月16日。

的国家。①

随着经济社会的发展和社会保障制度的完善,中国老年人收入渠道增加,收入水平不断提升,为老年消费市场发展提供了重要契机。经济学将最终消费支出、资本形成总额、货物和服务净出口比喻为拉动经济增长的"三驾马车"。其中,最终消费支出,即消费,包括居民消费和政府消费;资本形成总额,即投资,包括固定资本形成总额和存货增加;货物和服务净出口,即出口,指货物和服务出口与进口的差额。

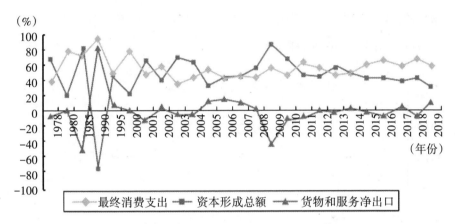

图5.1 1978—2019年"三驾马车"对国内生产总值增长的贡献率

根据图5.1可以看出,在"三驾马车"对国内生产总值增长的贡献度在不同阶段呈现出不同特征,大致可以分为四个阶段:1978—1985年为第一阶段,最终消费支出占比快速上升,资本形成总额占比波动较大,货物和服务净出口贡献为负。1985—1995年为第二阶段,这一时期三者均呈现较大幅度的波动,资本形成总额更是罕见地出现贡献率为负的情况,货物和服务净出口贡献率一度大幅提升至80%之后又快速回落,最终消费支出则

---

① 吴敏、熊鹰:《年龄、时期和队列视角下中国老年消费变迁》,《人口与经济》2021年第5期。

是维持在相对较高的贡献率。1995—2009 年为第三阶段,这一时期最终消费支出占比较为稳定,资本形成总额占比呈波动上升趋势,货物和服务净出口贡献率相对较小。2009 年至今为第四阶段,这一时期最终消费支出占比呈上升趋势,资本形成总额占比呈波动下降趋势。尤其是在 2014 年之后,消费对于拉动中国经济增长的贡献率开始超过投资,且两者的差距有不断扩大的趋势。中国经济增长由投资驱动型转变为消费驱动型,消费在拉动经济增长中的作用越来越重要。同时我们应看到,消费总量快速增长的同时,居民消费率仍存在不足,尤其是农村居民消费率,占比相对较低,且逐年下降,如图 5.2 所示。

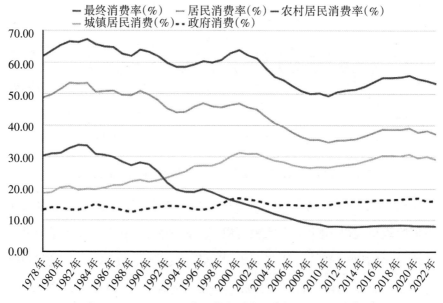

图5.2　1978—2022 年消费占国内生产总值百分比图①

资料来源:根据国家统计局历年数据整理,https://data.stats.gov.cn/search.htm?s=%E6%9C%80%E7%BB%88%E6%B6%88%E8%B4%B9%E7%8E%87。

———————

　　① 最终消费等于居民消费和政府消费之和,居民消费等于农村居民消费和城镇居民消费之和。

根据图5.2可以看出，1978—2022年，最终消费率呈下降趋势，其中，政府消费在保持稳定的基础上略有所上升，居民消费率的下降速度与最终消费率基本保持一致。居民消费率包括城镇居民消费率与农村居民消费率。1978年以来，城镇居民消费率总体呈现上升趋势，分阶段来看，1978—2002年上升趋势较为显著，2003—2008年稍有回落，之后继续稳步上升。农村居民消费率占比1978—1982年有所增长，之后呈下降趋势，直到2010年之后在低位保持相对稳定。1992年之前，农村居民消费率高于城镇居民，1992年城镇居民消费首次超过农村居民消费，之后两者差距越来越大。这一情况的出现主要是随着中国城镇化水平的提高，大量劳动年龄人口及少儿人口由农村转移至城市，从而造成农村人口减少，消费力下降。综上所述，1978年以来，中国最终消费支出占国内生产总值的比重不断下降，最终消费的下降是由居民消费率的下降所导致。居民消费率下降主要表现为农村居民消费率下降，城镇居民消费率总体保持平稳，但是对经济增长的贡献度也相对较低。

由图5.2可以看出，消费支出，尤其是居民消费支出，对拉动经济增长的贡献率仍然存在较大提升空间，消费不足仍然是中国经济发展需要解决的主要问题，尤其是老年有效消费不足，老年消费空间有待提升。[1]老年人数量的增加，为中国消费市场带来了新机遇的同时，也提出了新的挑战。顺应时代潮流，积极应对人口老龄化，发展适老产业，开拓老年消费市场，满足老年人的消费需求，对中国经济高质量发展有重要意义。

---

[1] 乔晓春:《如何满足未满足的养老需求——兼论养老服务体系建设》,《社会政策研究》2020年第1期。

一、老年人消费现状

传统观念认为老年人消费理念保守,消费水平低,老年消费市场并未引起过多关注。随着中国人口老龄化的加剧,老年人绝对数量增加。随着中国综合国力的提高、社会保障制度的完善,老年人的消费观念、消费能力都有了很大提升,对于消费的需求不再简单满足于衣食住行等生活必需品,而是在满足基本的生理需求与安全需求的基础上注重情感需求与尊重需求,追求更高的消费质量,注重提升消费层次,老年消费更加多元化、个性化、差异化,老年消费市场孕育着巨大的潜力。因此,必须重新认识老年消费市场,发展适老产业,扩大老年消费,提高居民消费对经济增长的贡献度,对于中国经济发展具有重要意义。

(一)购买力增强,消费水平不断提高

老年人收入的提高带来的购买力不容忽视。[1]随着时代的进步、人民生活水平的提高及消费观念的改变,中国老年人的消费不仅包括衣食住行等最基本的生存及安全需求,更包括健康养生、休闲文化等更高层次的精神需求,同时更加注重追求品质与质量。2020年,京东发布的《中国食品消费趋势及创新白皮书》显示,2019年中国老年人人均消费22600元,其中生活类消费15560元[2],生活类消费在总消费中的占比相对较高。老年人的消费能力增长迅速,有研究表明,老年人消费年均增长率明显高于"80后"和"90后",老年人消费能力的迅速提高,对于推动银发经济高质量发展具有重要的意义。尤其是低龄老年人的消费活力更高。低龄老年人的收入水平相对较高,消费观念时尚,既有消费实力,又有消费动力,而且更

---

① 马芒、张航空:《城市老年人消费水平影响因素分析——以上海为例》,《人口与发展》2011年第6期。

② 京东大数据研究院:《2019—2020中国食品消费及产品创新趋势白皮书》。

加注重消费质量与品质，呈现出追求潮流、注重养生、热衷旅游等新特征。

（二）消费结构优化升级，消费呈现多元化

老年人的消费需求具有其特殊性。2024年1月，国务院印发《关于发展银发经济增进老年人福祉的意见》，强调从老年助餐、养老照护、文体服务、适老化改造、金融支持多维度出发，提出4个方面26项举措。即使是在衣食住行等基本生活品方面，老年人的消费需求也发生改变，不再是单纯追求满足最基本的生活保障，而是更加注重健康、营养和品质。同时，老年人更加注重健康与养生，对于医疗保健的需求日益增加。老年消费市场的"蓝海"更体现在智慧养老、旅游休闲、数字消费等方面。除此之外，中国还存在显著的"代际逆向流动"，即老年人的隔代消费支出。

一是食品市场。民以食为天。伴随着老年人数量的增加，尤其是高龄老年人口总量显著增加，老年食品市场潜力巨大。中国的老年食品市场尚不完善，主要表现为产品种类少、标准制定不规范、缺少针对性等。随着生活水平的提高与健康意识的增强，老年人对食品消费提出了更高的要求，不再满足于吃饱，更讲究吃好，对于食品的安全性、适老性、保健性等的要求提高，但是现在老年食品种类相对单一，不能有效满足老年人多元化的消费需求。尤其是功能食品，更应受到市场的关注。随着年龄的增长，老年人对功能食品的需求增加，甚至成为很多老年人的"刚需"。目前中国的功能食品市场尚缺乏统一标准，监管力度欠缺，存在鱼龙混杂的局面，"坑老"现象层出不穷。随着老年人预期寿命的延长和健康观念的提升，老年功能食品前景广阔。

二是教育消费。随着人口老龄化程度的加深，整个老年产业都将迎来发展新机遇，而老年教育扮演起串联者的角色。[1]老年教育有助于实现老

---

[1] 赵博宇：《老年教育能否撬动老年消费》，《北京商报》2022年10月21日。

年产业融合发展,"教育+文化+旅游",成为老年消费市场的新亮点。2022年《中国老年教育行业市场运营格局及竞争战略分析报告》指出,中国老年教育市场的年需求为1万亿元,预计2050年左右将达到5万亿元,老年教育市场前景广大。[①]随着数字经济的发展,线上教学成为老年教育的重要组成方式。老年教育消费应采取多元化教学方式,开发、整合优质教育资源,加强师资队伍建设,提高老年教育水平。

三是医疗消费。老年人数量的增加叠加人均寿命的延长,使中国老年医疗消费市场潜力巨大。健康支出已经成为老年人支出的重要组成部分。医疗服务由"生存型"转型升级至"拓展型",产业附加值逐步提高,医疗消费由传统的药品、医院就诊等转向"医美""医养"等衍生类医疗服务,医疗消费赛道不断细分,消费潜能进一步释放,银发经济的医疗衍生品市场发展前景广阔。

四是文化娱乐消费。2020年中国高中及以上文化程度的老年人数量比2010年增加2085万人,占老年人口的比重提高了4.98个百分点。[②]老年人群体对精神文化生活的需要不断提高,文化消费需求不断增加。当前专门为老年人提供的公共文化活动空间相对较少,文化服务和消费产品种类比较单一,尚不能满足老年人的有效需求。随着生活水平的提高、收入的增加和闲暇时间的增多,老年人的旅游热度不断提高,老年群体成为中国旅游行业的"新贵",老年市场成为第二大旅游市场,老年旅游市场利好不断。提供老年旅游的专门服务、开发老年旅游产品,成为旅游业谋求发展的新选择。[③]《2019年中国跨境旅行消费报告》显示,"银发游"已经成为中

---

① 智研瞻产业研究院:《中国老年教育行业市场运营格局及竞争战略分析报告》,2022年10月21日。

②《全国60周岁及以上老年人口占总人口18.70%》,《中国青年报》2021年10月20日。

③ 梁达:《人口老龄化将带来巨大商机》,《金融与经济》2016年第7期。

国出境旅游的主要类型，同时老年人在旅游时也更舍得花钱。[①]

二、适老产业发展潜力巨大

银发经济既包含老年阶段的老龄经济，也包括未老阶段的备老经济。[②]人口老龄化是挑战，也是机遇。随着老年人数量的增加及消费能力的提高，中国老年消费市场发展潜力巨大。国家发展改革委公布的数据显示，2020年中国银发经济总规模约5.4万亿元，占全球比重是5.56%，同期中国老年人口占全球老年人口的比重高于20%。[③]工业和信息化部消费品工业司司长指出，2022年中国老年用品市场规模达4.6万亿元，近两年平均增速达10%。[④]2024年1月16日，国务院发展研究中心研究员指出，中国银发经济规模高达7万亿元，占国内生产总值比重6%。到2035年，银发经济规模将达到30万亿元，占国内生产总值比重约10%。[⑤]

第一，老年消费群体的不断扩大有助于进一步释放消费潜力。老年人数量多，增长速度快，老年消费市场蕴含着巨大的消费潜力。积极发展适老产业，开发老年消费市场，实现消费潜力到消费现实的转变，以消费拉动经济增长，充分实现老年消费市场的价值。中国老龄产业尚处于早期阶

---

① 《2019年中国跨境旅行消费报告》，中研网，https://www.chinairn.com/hyzx/20191210/171129792.shtml。

② 《2023年老年用品市场规模达5万亿元 银发经济催生新领域新赛道》，《北京日报》2024年1月23日。

③ 《国家发改委：中国银发经济总规模约5.4万亿元，占全球银发市场5.56%》，https://hbsjzxh.hebtu.edu.cn/a/2022/11/09/FB204F9E481F40F4A13135931A75A72B.html。

④ 《聚焦"一老一小"新需求，轻工业优供给拓市场》，https://www.gov.cn/yaowen/liebiao/202310/content_6908265.htm。

⑤ 《朝闻天下｜我国首部"银发经济"政策文件出台 适老化成为新课题》，https://www.ndrc.gov.cn/xwdt/spfg/mtjj/202401/t20240117_1363422.html。

段,相关政策体系不够完善。未来应以需求侧为导向,开拓老年消费市场的多重领域;同时,结合老年人需求的多样性与个性化,精准定位、细分市场,注重产品和服务的适老化、人性化。

第二,随着可支配收入的增加,老年人的购买力不断增强。收入决定消费,消费实力首先取决于收入水平。随着经济的发展及社会养老制度的不断完善,老年人的购买力不断增强。各种助老、惠老的政策也显著提高了老年人的购买力。社会保障制度的不断完善、社会保险转移收入的增加,有助于改善老年人的经济状况,增强老年人的消费能力,为老年消费市场发展注入新动力。[①]适老产业的发展,应将重点放在老年消费转型升级上,将"夕阳红"事业打造成朝阳产业,[②]使老年消费市场成为调结构、促升级、惠民生、扩就业的中坚力量。

第三,老年人消费观念年轻化,消费意愿增强。随着时代的进步和人们消费观念的转变,老年人不但"有钱花",而且"愿意花钱"。尤其是20世纪60年代后出生的"60后",不但具有更强的消费实力,而且具有更强的消费意愿、更时尚的品质追求。未来随着更多"60后"进入老年人行列,中国老年人的购买力将不断提高。

第四,社会保障制度的完善和适老产业的发展,有助于从供给侧助力老年消费潜力的释放。围绕积极应对人口老龄化的国家战略,提高老年人的收入,加强养老服务设施的完善,将养老事业与养老产业相结合,大力发展适老产业,提高老年人生活质量,提供多样化、多层次养老服务,充分释放老年消费市场的潜力,拉动经济增长,满足老年人对幸福生活追求的同时实现经济社会健康和谐长久发展。

---

① 于涛:《中国人口老龄化与老年消费问题研究》,吉林大学硕士论文,2013年。

② 《打造服务亿万老年人"夕阳红"的朝阳产业》,https://www.gov.cn/jrzg/2013−09/13/content_2487832.htm。

第三节　大力发展适老产业,释放银发红利

一、适老产业再认识

(一)适老产业的定义

适老产业(gerontechnology industry)一词由格拉夫曼斯提出,通常指为老年人提供产品和服务的产业体系,泛指能够为老年人提供产品和服务的各个行业。[1]适老产业一词,在中国出现的比较晚,可查资料显示,1997中国第一届老龄产业座谈会上提到了适老产业,通常被认为是该词在中国第一次出现。常用的表述为老龄产业、老年产业、养老产业、高龄产业等,[2]本书认为采用适老产业这一称谓能够更好地体现以人为本,以老年人为中心,更好地体现尊重老人、关爱老人。因此,在后面的相关介绍中主要使用适老产业一词。

(二)适老产业的特征

1.准公共品[3]属性

适老产业具有准公共品的属性,这就意味着不能完全市场化,而是应由政府和企业共同承担。适老产业的准公共品属性意味着适老产业应兼

---

[1] Graafmans J. A. M., TIDE Proposal Gerontechnology, Technische Universiteit Eind-hoven, 1991. 陆杰华:《我国老龄产业研究评述及展望》,《北京大学学报(哲学社会科学版)》2002年第1期。李超:《中国老龄产业发展研究》,中国人民大学出版社,2015年。

[2] 陆杰华:《关于我国老年产业发展现状、设想与前景的理论思考》,《人口与经济》2000年第4期。谢蔼:《中国老龄产业的发展前景和战略思考》,《技术经济》2002年第8期。高枫:《台湾地区银发产业发展的经验与启示》,《现代经济信息》2015年第1期。

[3] 准公共品是指具有有限的非竞争性或有限的非排他性的公共产品,介于纯公共产品和私人产品之间,在理论上应采取政府和市场共同分担的原则。

具福利性和市场性。[①]适老产业不能将盈利作为唯一生产目的,而是应最大限度地满足老年人的消费需求,提高老年人的生活质量,实现经济价值和社会价值相统一。至少在一定时期内,适老产业会呈现出市场性和福利性并存的特点。[②]汪雁将这种两者并存的特点称之为"微利性"。[③]

2.人文情感特性

老年人的消费需求有其自身的特殊性。适老产业应更加注重人文关怀,进行个性化、人性化的适老设计,以满足老年人的多元化需求。老年人的消费能力总体偏低,适老产品的盈利空间相对有限,适老产业的发展不能只以盈利为目的,而是应具备一定的人文情怀,提供有"温度"的产品和服务。孝道是中国的优良传统,孝道文化是中国老龄化社会的表征,适老产品的人文情感特性,正是弘扬孝道文化、关爱老年人的体现。在产品中融入更多沟通、关爱元素,注重老年人的情感需求,让适老产品更好地满足老年人的消费需求。

3.异质性和复杂性

适老产业不是某一个具体产业,而是具有产业融合性的一个产业体系,[④]横跨三大产业,集成不同学科领域。[⑤]适老产业跨度大,范围广,不仅包括衣食住行、文化娱乐、教育卫生多个领域,而且具有典型的辐射效应,对于上下游产业均具有显著的带动效应。积极发展适老产业不仅可以释

---

① 郑稣鹏:《适老企业创新机会形成与创新影响机理研究》,大连理工大学,2022年。

② 张智敏、唐昌海:《发展老龄产业的经济学分析》,华龄出版社,2001年,第129页。陆杰华、王伟进、薛伟玲:《中国老龄产业发展的现状、前景与政策支持体系》,《城市观察》2013年第4期。

③ 汪雁:《对老龄产业内涵及性质的再思考》,《市场与人口分析》2004年第3期。

④ 黄鲁成、李晋、苗红:《新兴养老科技产业及区域发展评价研究》,《科研管理》2020年第2期。

⑤ 吴玉韶:《对老龄产业几个基本问题的认识》,《老龄科学研究》2014年第1期。

放老年消费市场潜力，培育新的经济增长点，同时可以带来连锁效应，带动文化、体育、旅游甚至是房地产、金融等产业的发展，带动产业结构优化升级，实现经济高质量发展。

4.产业边界具有模糊性

适老产业以年龄作为划分标准，企业和产品均具有模糊性。适老产品的生产主体可能并不是专门为老年人提供产品和服务；适老产品也可能不是专门为老年人生产，而是与其他年龄人群所提供的产品具有同质性。适老产业与养老事业和养老服务业存在显著区别。

一方面，适老产业与养老事业不同。适老产业提供的产品具有准公共物品的属性，而养老事业提供的是公共物品。养老事业是指由政府主办的、以老年人为对象的公共服务事业，属于非营利性事业。[①]

另一方面，适老产业与养老服务业不同。养老服务业是指为老年人提供生活照顾和护理服务的服务行业，养老服务业属于服务行业，养老服务机构通常具有独立的法人地位。而适老产业本身是一个产业体系，其主体既可以是独立的法人主体，也可以附属于医疗机构、企事业单位或其他社会团体或组织。适老产业、养老事业和养老服务业在服务目的、主体性质、市场目标群体、产品内容等方面的区别，+如表5.3所示。

表5.3 适老产业的具体特征

项目	适老产业	养老事业	养老服务业
产业属性	准公共产品	公共产品	私人产品
市场主体	综合性组织机构	公共服务组织	适老服务组织机构
所含内容	产品与服务	基本公共产品与服务	服务

---

① 郑志刚、陆杰华：《中国语境下老龄事业和老龄产业相关概念的关系界定》，《老龄科学研究》2017年第1期。

二、适老产业发展过程中存在的问题分析

在市场需求与政策红利的双重推动下,中国适老产业的规模不断扩大。现阶段,中国适老产业呈现显著的区域特点,主要集中在长三角、珠三角、京津冀等区域,发展过程中仍存在着以下四方面的问题:

第一,企业主体介入不足。随着中国老龄化问题的加剧,国家和各级地方政府正在积极出台相关政策,建立健全市场管理体系,为适老产业的发展提供良好的发展环境。适老产业资金投入多、回报周期长、利润空间小,不能仅依靠企业的投资,还需要政府的支持。相比较民营企业,政府更倾向于支持公立养老机构,从而打击了民营企业的热情,提高了适老产业的门槛。[1]艾媒咨询数据显示,2016—2021年中国养老市场共开展74起投融资事件。2016年数量最多,达到29起,占总投融资数量的40%;随后逐年减少,2017—2019年分别为16起、12起、10起,2020年与2010年更是下降至个位数,分别为5起和2起。[2]养老市场融资数量的减少,体现出企业主体介入适老产业的谨慎性。同时,保障民营资本投资安全、降低投资风险仍是值得关注的一个重点问题。目前相关政策尚不到位,导致部分民营资本仍处于观望期,适老产业的企业主体介入不足。

第二,产业链融合程度低。中国的适老产业起步晚,产业链各环节衔接不够密切、融合度低,不同企业间没有形成有效的链式关系,阻碍适老产业的协同发展。适老产业不仅仅是养老服务业,更应包含金融、地产等多领域,而现有的政策和补贴主要倾向于养老服务业,即使是养老服务产业

---

① 苏嫔、朱文娟:《基于PEST分析的我国智慧养老产业研究》,《产业创新研究》2022年第22期。

② 艾媒咨询:《中国养老产业:2022—2025年将是智慧养老高速发展时期》,https://t.cj.sina.com.cn/articles/view/1850460740/6e4bca4402000yxvv?finpagefr=p_104_js。

内部，日常基础照护也占了绝大比重，保健、康复、文化体育等配套服务产业的推广有限，[①]导致整个产业链的带动能力差，限制了适老产业的整体规模。同时，中国老年消费市场虽然需求潜力巨大，但老年人的消费意愿不会在短期内迅速提高，这也不利于适老产业的整合优化。

第三，复合型养老人才缺乏。数字经济时代，适老产业的发展最终还应该是智慧养老产业。而智慧养老产业的发展必然需要复合型养老人才。中国的适老产业以养老服务业为主，从业人员主要是养老服务人员，缺乏复合型养老人才。同时，适老产业从业人员并没有明确的准入门槛，从业人员的收入相对有限，对高素质人才的吸引力不足。[②]中国的适老产业刚刚起步，技术资源配置不完善，尚未与数字技术实现深度融合，不利于适老产业的优化和创新。

第四，产品与服务同质化严重。适老产业只有创新产品与服务，才能提升竞争力。目前，中国适老产业主要集中在初级产品和服务的提供，市场内部竞争激烈，价格战成为企业获取市场份额的主要手段，这必然不利于整个适老产业的健康长远发展。目前，中国养老市场需求逐渐呈现个性化、多元化的特征，企业应满足消费者的个性需求，采取定制化营销策略，才能提高自身竞争力，获取竞争优势。中国适老产业起步晚，企业规模偏小，研发创新意愿和能力都略显不足，养老产品和服务同质化严重，不利于适老产业的优化和发展。

三、适老产业高质量发展对策

第一，加强顶层设计，充分发挥政府的引导作用。政府在适老产业中

---

① 黄靖怡、张静：《我国养老产业链优化研究》，《吉林农业科技学院学报》2021年第6期。

② 秦洪卫、董菁：《推动我国智慧养老产业高质量发展》，《中国信息界》2022年第1期。

应起到积极引导作用,加强顶层设计,完善相关政策,推动适老产业高质量发展。[①]首先,政府应明确公办养老企业的服务范畴,细分其公益型与市场型服务,确保财政补助真正用于公益性养老服务中,同时让养老服务价格更加合理,构建和完善公办养老企业的兜底性和普惠性,让广大老年人真正享受到社会的尊重和关爱,提高老年人的生活质量。其次,政府应出台相应政策,降低民营养老企业的成本,并适当降低民营企业介入门槛,确保民营资本的安全性,聚集社会力量共同为适老产业的高质量发展做出贡献。最后,对适老产业复合型人才的培养与引进也需要政府的支持。政府应支持适老产业相关专业教育的发展,加大适老产业人才的教育和培养力度。同时,加强宣传,提高待遇,引进并留住高层次人才。还要完善激励机制,并提高适老产业高层次人才的职业发展空间。除此之外,政府应完善监督机制,加强对企业的监管,制定考核机制,实现产业内部优胜劣汰,减少不良竞争,促进养老服务产业的高质量发展。[②]

第二,整合上下游企业,实现产业协同发展。纵向维度上,加强各环节的紧密衔接,实现上—中—下游企业高效联动,发挥适老产业的集群效应,有效提高经济效益。上游方面,夯实适老产业发展的基础;中游方面,注重养老产品和服务的质量与品质;下游方面,最大程度优化养老服务企业的空间布局。在横向维度上,打造"智慧+"多元化模式,实现适老产业的跨领域融合发展。实现适老产业与医疗、房地产、文化体育、金融等产业的有机融合,为老年人提供专业的医疗保障,适宜的居住环境、休闲的生活方式以及适老性的金融理财产品。

---

① 黄鲁成、张家欣:《养老政策对区域养老科技产业创新质量的影响研究》,《创新科技》2021年第6期。

②高凡:《加快智慧养老标准化建设,促进养老产业高质量发展》,《中国建设信息化》2021年第6期。

第三,数字赋能,提高适老产业的数字化水平。一方面,利用数字技术整合相关信息。适老产业的可持续发展,首先需要收集老年人的健康信息数据。适老产业应积极利用大数据、区块链、云计算与元宇宙等数字科技收集相关信息,提供更具针对化的智能服务,才能实现适老产业的高质量发展。另一方面,适老产业的各链条都要与时俱进,采用先进的技术手段,优化产品与服务,提升养老服务质量。

第四,丰富产品内容,提升竞争品质。产品是企业的核心。只有深入挖掘市场需求,持续优化产品类型,降低产品成本,提升服务品质,确保产品符合老年人的需求,才能使企业在竞争中获胜,并保持健康、有序的发展。高质量的产品才能提升顾客的忠诚度。老年群体往往具有较高的品牌忠诚度,企业通过提高产品质量,获取顾客的信任,提升企业的声誉和形象,才能降低企业的经营风险,有利于企业的长远发展。

随着中国老龄化程度的加快,适老产业成为新风口。把握老年人的消费需求,发挥政府的引导作用,引入社会资金,实现适老产业链协同发展,提高适老产业的数字化水平,让老年人老有所养,老有所医,老有所为,老有所教,老有所乐,提升老年人的生活水平,助力经济的高质量发展。

第六章　开发老年人力资源,延续人口红利

2000 年中国正式进入人口老龄化社会,在发展中国家中是最早进入人口老龄化的国家。[1]中国是人口大国,也是老年人口大国,是目前世界上老年人口数量最多的国家。国家统计局数据显示,截至 2020 年,中国人均预期寿命为 77.93 岁。2022 年,65 周岁及以上老年人口数量达到 2.1 亿,占世界老年人口的 24.48%。而且未来 10 年,中国每年将有超过 2000 万人进入"退休潮"。

人口老龄化是中国未来很长时间的基本国情。老年人口绝对数量多,增长速度快,是中国必须解决的一个重要问题。随着社会的进步和人民生活水平的提高,老年人的身体素质有了很大提高,尤其是健康的低龄老年人,通常都具备相当的劳动能力,而且具有较强的劳动意愿。"前程无忧"《2022 老龄群体退休再就业调研报告》显示,68% 的老年人退休后再就业意愿强。[2]天津市社会科学院的调查显示,60～65 周岁的低龄老年人中有意再就业的比例为 62.1%,55～59 周岁即将退休的"准老年人"中有退休后再就业意愿的比例为 72.7%。[3]老年人口结构中,低龄老年人占比高,意味着老年人力资源潜力巨大。

---

① 陈曦:《中国老年人再就业影响因素研究》,南京财经大学硕士论文,2017 年。

②《"退休潮"中,60 后重返职场》,https://www.hubpd.com/detail/index.html?contentId=7782220156098792347。

③ 王玉庆:《补齐老年人工伤保障的短板》,《法治日报》2023 年 3 月 1 日。

为积极应对人口老龄化,中国共产党和中国政府提出了一系列关于开发老年人力资源的倡议、政策和规划。[①] 2019年《国家积极应对人口老龄化中长期规划》提出,促进老年人力资源开发利用,劳动力供给结构优化调整,有效引导老年人口再就业以应对不断加深的人口老龄化问题。[②] 2020年《中共中央关于制定国民经济和社会发展第十四个五年规划和二〇三五年远景目标的建议》提出:"积极开发老龄人力资源,发展银发经济。"[③] 2021年《中共中央 国务院关于加强新时代老龄工作的意见》提出:"促进老年人社会参与,鼓励老年人继续发挥作用。"[④]老年人力资源开发将成功老龄化、健康老龄化、积极老龄化与经济社会发展全过程相融合,是以人口高质量发展支撑中国式现代化的必然要求。[⑤]

第一节　老年人力资源现状

一、老年人力资源总量分析

《2022年度国家老龄事业发展公报》数据显示,截至2022年底,中国60

---

① 陶涛:《中国的人口老龄化与老年人力资本开发》,《团结》2020年第6期。

② 《中共中央 国务院印发〈国家积极应对人口老龄化中长期规划〉》(2019-11-21),https://www.gov.cn/zhengce/2019-11-21/content_5454347.htm?eqid=ecabfe0600050233000000026461a36a。

③ 《中共中央关于制定国民经济和社会发展第十四个五年规划和二〇三五年远景目标的建议》(2020-11-3),https://www.gov.cn/zhengce/2020-11/03/content_5556991.htm。

④ 《中共中央 国务院关于加强新时代老龄工作的意见》(2021-11-18),https://www.gov.cn/gongbao/content/2021/content_5659511.htm?eqid=ac74be0200079e6e0000000364859552。

⑤ 林宝:《完善养老保障与服务体系积极应对人口老龄化》,《中国人口科学》2023年第4期。

周岁及以上老年人口2.8亿,占总人口的19.8%。根据中国的法定退休年龄,60周岁及以上的老年人均已进入退休人员的行列,老年人力资源开发具备庞大的人口总量基础。随着生活水平和医疗保健的快速发展,人均寿命不断延长,健康水平比以前大有提升。但根据客观生长规律,由中年转入老年之后,人的身体机能确实会开始下降。尤其是到70周岁之后,生理机能退化更快,日趋低下的身体机能状况和精神状态都不适合进行较大强度的生产活动。因此,本书对老年人力资源研究的对象限定在60~69周岁的低龄老年人。

从表6.1中可以看出2000—2020年,中国老年人口增速较快。2000年中国60~79周岁老年人口数量为11798万,2010年60~79周岁的老年人口数量已增加到15660万,10年间增幅达32.7%。2020年60~79周岁老年人口已增加到22821万,第二个10年的增幅更是高达45.7%,充分显示出中国人口老龄化速度之快。分年龄段来看,2000—2020年,60~64周岁老年人口增幅为76%,65~69周岁老年人口增幅113%。2020年60~69周岁的低龄老年人口共14739万,人口数量庞大的老年人刚刚步入老龄期,属于"活力型"老年人,几十年的工作惯性使得他们仍具有较强的工作热情和动力。这部分老年人具备各种工作技能和经验能力,不需或者少需教育培训等投资,就能合理充分使用这部分老年人力资源。通过合理开发再就业岗位,完全可以高效快速地创造效益。从表中同时可以看出,70~74周岁和75~79周岁区间的老年人口增幅分别为94%和96%。通过这些数据可以看出,老年人口数量多,老年人力资源市场潜力巨大,即使只开发老年人中的一部分人力资源,都会产生巨大的效果。

表6.1　2000—2020年老年人力资源总量

（单位:万人）

年份	60～64周岁	65～69周岁	70～74周岁	75～79周岁	合计
2000	4170	3478	2557	1593	11798
2010	5867	4111	3297	2385	15660
2020	7338	7401	4959	3124	22821

数据来源:第五次、第六次全国人口普查,《中国统计年鉴2021》。

二、老年人力资源受教育程度分析

《中国统计年鉴2021》统计数据显示,2020年中国60～69周岁低龄老年人共14739万人,其中60～64周岁老年人7338万人;65～69周岁老年人7401万人。表6.2为分年龄段分性别统计低龄老年人的受教育程度。

表6.2　2020年低龄老年人分性别受教育程度构成

（单位:%）

项目	60～64周岁		65～69周岁		合计
	男	女	男	女	
未上过学	0.65	2.11	1.02	3.34	7.12
小学	7.84	0.49	10.59	13.24	42.16
初中	10.21	7.73	9.12	6.55	33.61
高中	4.76	3.58	2.71	1.76	12.82
大学专科	1.03	0.62	0.84	0.48	2.97
大学本科	0.47	0.23	0.34	0.19	1.23
研究生	0.05	0.01	0.02	0.01	0.09

数据来源:根据《中国统计年鉴2021》整理计算。

总体来看,低龄老年人的受教育程度有所提高,未上过学的老年人占比非常低,合计7.12%;其中,60～64周岁老年人占比2.76%,65～69周岁老年人占比4.36%。由此可以看出,新中国成立后得益于国家对于教育事业的重视,人们的受教育程度普遍得以提高,未来随着越来越多的"60后"步入老年人行列,老年人接受过中、高等教育的比重会进一步提高。低龄老年人中接受小学教育的人数占比最高,合计42.16%,其中60~64周岁老年人占比18.33%,65~69周岁老年人占比23.83%。接受初中教育的老年人占比为33.61%,仅次于接受小学教育的老年人占比,其中60~64周岁老年人占比17.94%,65~69周岁老年人占比15.67%,60~64周岁老年人占比超过65~69周岁老年人。分析表6.2的数据可以看出,低龄老年人中接受高中及以上教育的人数占比较高为17.11%,这就意味着低龄老年人中有2522万人接受过高中及以上教育,这2522万人不仅是"老年人力资源",更是"老年人才",为这部分老年人提供与其知识技能相匹配的工作岗位,给予必要的培训教育,将潜在的老年人才红利转化为现实的第二次人口红利,对于应对人口老龄化带来的社会问题具有重要意义。

分性别来看,不论是60~64周岁的老年人,还是65~69周岁的老年人,在"未上过学"和"小学"水平上,女性占比均高于男性;而"初中""高中""大学专科""大学本科""研究生"水平上,男性占比均高于女性。由此可见,总体来说,低龄老年人口中,男性受教育程度显著高于女性。

由以上数据分析可知,目前低龄老年人受教育水平虽然已经有显著提高,但是总体仍偏低,其中82.89%的低龄老年人受教育程度为初中及以下水平,这部分低龄老年人就业时仅能从事技术性较低和专业性不强的工作,不利于高质量老年人力资源的开发。

三、老年人力资源健康状况分析

老年人力资源开发的一个重要影响因素是老年人的健康状况,其健康状态决定能否参与生产性或其他社会活动。《2021年中国卫生健康事业发展统计公报》显示,中国居民人均预期寿命由2020年的77.93岁提高到

2021 年的 78.2 岁。《中国统计年鉴 2021》数据显示,2000 年、2010 年中国人均寿命分别为 71.40 岁、74.83 岁。[①]人均预期寿命的延长表明老年人健康水平的提升,也表明可以进行开发的老年人口基数在不断增加。在此对 60 周岁及以上老年人口的健康状况进行分析,通过测算分析 2010—2020 年中国老年人健康状况及变化。[②]

表 6.3　2010—2020 年 60 岁及以上老年人口健康状况占比

（单位:%）

健康状况	2010 年			2020 年		
	≥60 周岁	60～64 周岁	≥65 周岁	≥60 周岁	60～64 周岁	≥65 周岁
健康	43.82	60.77	35.46	54.64	70.29	48.48
基本健康	39.33	32.35	42.77	32.61	24.03	35.99
不健康,生活能自理	13.90	6.00	17.80	10.41	4.88	12.58
不健康,生活不能自理	2.95	0.88	3.97	2.34	0.80	2.95

数据来源:根据第六次和第七次人口普查数据测算。

如表 6.3 所示,2010—2020 年的 10 年间,60 周岁及以上老年人中,“健康”老年人口占比由 43.82% 上升至 54.64%,“基本健康”占比由 39.33% 下降至 32.61%;“不健康,生活能自理”与“不健康,生活不能自理”的占比分别由 13.90%、2.95% 下降至 10.41%、2.34%。由此可以看出,“基本健康”“不健康”老年人占比均有大幅度下降,而“健康”老年人比例大幅上涨。身体健康状况良好的老年人占比超过 85%,这部分老年人是老年人力资源开

---

① 数据来源:2000 年、2010 年数据均来源于《中国统计年鉴 2021》。

② 注:由于中国第六次、第七次人口普查数据中提供了老年人口的健康状况,而中国第五次人口普查数据中没有提供老年人口的健康状况。因此,本书仅通过 2010 年、2020 年老年人口的健康状况测算老年人口的健康型人力资本。

发的主要对象。分年龄段来看,60～64周岁老年人的健康状况明显优于65周岁及以上老年人口,超过90%的60～64周岁老年人口健康状况良好。具体而言,2010年,60～64周岁老年人"健康"与"基本健康"的比例分别为60.77%、32.35%,两者合计93.12%,65周岁及以上老年人"健康"与"基本健康"的比例分别为35.46%、42.77%,两者合计78.23%;2020年,60～64周岁老年人"健康"与"基本健康"的比例分别为70.29%、24.03%,两者合计94.32%;65周岁及以上老年"健康"与"基本健康"的比例分别为48.48%、35.99%,两者合计84.47%。由此可以看出,2010—2020年,60～64周岁老年人与65周岁及以上老年人"健康"比重均有大幅提高。

随着经济发展与社会进步,人们的生活水平不断提高,健康意识逐步增强,中国老年人的健康水平整体提升,身体健康的老年人口占老年人口的比重显著提高,为老年人力资源开发奠定了基础。

第二节　老年人力资源开发现状

老年人力资源开发的基础和保障来自老年人受教育程度与健康状况的不断提升。老年人力资源开发指的是老年人进行社会参与,包括老年人通过就业、志愿服务等活动继续发挥作用。[①]老年人就业是老年人参与社会活动的一种重要形式,老年人利用其技能、经验、文化等优势从事生产性活动获得经济收入。老年人继续从事生产活动,在增加老年人收入、增强老年人成就感与幸福感的同时,可以为社会带来更多的物质财富。参与志愿服务等非生产性社会活动也是老年人社会参与的重要形

---

① 谢倩芸:《人口老龄化背景下中国城乡老年人力资源开发研究》,社会科学文献出版社,2022年,第100—130页。

式。中国老年人大多淳朴善良,具备良好的政治素质,热衷参与志愿服务,尤其是公益活动。但是正式的老年志愿组织和相关机构相对欠缺,参与形式缺少规范性,导致老年志愿者的权益难以保障,老年志愿活动难以持续。①此外,老年人社会参与的形式还包括家庭照顾、家庭教育等。

本书中的老年人力资源开发特指就业活动这一形式,从就业率、就业渠道、服务行业等方面的现状及其变化情况分析2000年以来中国老年人力资源开发状况。

一、老年人力资源的就业年龄与性别分析

2000年中国进入人口老龄化社会,老年人的就业工作日益受到社会各界的关注。由表6.4可以看出2010—2021年,中国60~64周岁、65周岁及以上男性老年就业人员与女性老年就业人员占全部就业人员的比重。鉴于70周岁及以上的老年人口就业人数较少,不单独列示。总体来看,2010—2021年老年人就业比例整体呈上升趋势,由7.5%上升至11.3%,共上升3.8个百分点。2010年老年就业人员占比最低,为7.5%;之后呈上升趋势,但比例变化较小;2015年占比有所回落,2016—2019年重新恢复上涨趋势,2020年和2021年老年人就业占比相同,均为11.3%,老年就业人员占比显著超过其他年份。由此可以看出,老年人就业是全部就业人员中不可或缺的重要组成部分。

---

① 李晶、罗晓晖:《中国老龄社会背景下老年人力资源开发研究》,《开放学习研究》2022年第4期。

表6.4 2010—2021年按年龄、性别划分
老年就业人员占全部就业人员比例

（单位：%）

年份	男			女			平均值		
	60～64周岁	65+周岁	合计	60～64周岁	65+周岁	合计	60～64周岁	65+周岁	合计
2010	4.3	3.9	8.2	3.6	2.9	6.5	4.0	3.5	7.5
2011	4.3	4.1	8.4	3.9	3.4	7.3	4.1	3.8	7.9
2012	5.0	4.4	9.4	4.6	3.8	8.4	4.8	4.1	8.9
2013	5.1	4.5	9.6	5.1	3.9	9.0	5.1	4.2	9.3
2014	5.5	4.7	10.2	5.5	4.0	9.5	5.5	4.4	9.9
2015	5.1	4.3	9.4	5.0	3.7	8.7	5.1	4.1	9.2
2016	5.3	4.8	10.1	5.2	4.2	9.4	5.3	4.5	9.8
2017	5.2	5.1	10.3	5.0	4.7	9.7	5.1	4.9	10.0
2018	5.0	5.3	10.3	4.8	5.0	9.8	4.9	5.2	10.1
2019	4.8	5.9	10.7	4.3	5.5	9.8	4.6	5.7	10.3
2020	4.8	6.7	11.5	4.4	6.7	11.1	4.6	6.7	11.3
2021	4.6	6.9	11.5	4.1	6.9	11.0	4.4	6.9	11.3

数据来源：中国劳动统计年鉴（2011—2022年）。

如图6.1所示，不同年龄段的老年人就业占比差别较大，同时老年人就业在不同性别间也存在较大差异。总体来看，不论是男性还是女性，就业趋势与整体就业趋势一致，均呈现波动起伏上升趋势。其中，男性老年就业人员占比由8.2%提升至11.5%，12年内共提升3.3个百分点；女性老年就业人员占比由6.5%提升至11.0%，12年内共提升4.5个百分点。女性老年就业人员占比提升比男性高1.2个百分点，说明女性老年就业人员数量增加较快。总体来看，男性老年就业人员占比高于女性，但是这一差距在持续减小。2010年，男性老年就业人员占比为8.2%，女性为6.5%，两者相差1.7个百分点；2021年，男性老年就业人员占比11.5%，女性占比11.0%，

两者相差0.5个百分点。其中,2020年两者差值最小,仅为0.4个百分点。这表明虽然总体来说,男性老年就业人员数量多于女性,但是女性老年就业人员占比增长速度快于男性。

分年龄段来看,2010—2021年,60～64周岁老年就业人员数量先升后降,65周岁及以上老年就业人员数量持续上升。与此同时可以看到,2018年以前60～64周岁老年就业人员占比高于65周岁及以上老年人;2018年65周岁以上的老年就业人员占比开始超过60～64周岁老年就业人员占比,之后这一差距开始拉大,到2021年两者差距拉大到2.5个百分点。造成这一现象的主要原因在于,随着中国人口老龄化的加剧和人均预期寿命的延长,65周岁及以上老年人的数量大幅增加,且有能力和意愿继续就业,而60～64周岁仅包括5岁的年龄差,老年人口数量基数相对来说较小。由此可以看出,随着中国进入长寿国家的行列,65周岁以上的低中龄老年人仍然是老年就业人员的主力军。

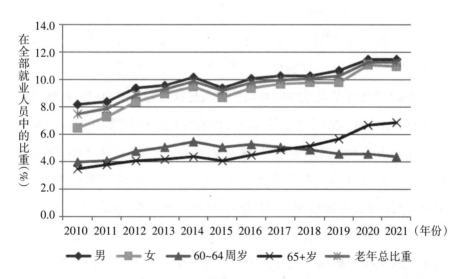

图6.1 2010—2021年按年龄、性别划分老年就业人员占全部就业人员比例图

二、老年人力资源的就业渠道状况

本书从老年就业人员的角度分析老年人力资源开发渠道,即老年人失业后重新寻找工作的途径。与年轻人相比较,老年人再就业渠道更为单一,且多采取线下渠道,线上渠道占比较低。

表6.5　2020年城镇失业老年人口寻找工作方式

（单位:%）

方式	60～64周岁	65+周岁以上
为自己经营做准备	2.6	6.7
为找工作参加培训、实习、招考	0.2	—
委托亲戚朋友介绍	74.8	76.5
查询招聘网站或广告等	3.6	3.3
直接联系雇主或单位	9.7	8.1
联系就业服务机构登记	1.8	1.5
参加招聘会	1.0	—
其他	6.3	3.9

数据来源:中国劳动统计年鉴(2020年)。

表6.5为按年龄段统计的城镇失业人员再就业渠道构成。从纵向数据可以看出,60～64周岁老年人找工作的主要方式为"委托亲戚朋友介绍",占比为74.8%;其次为"直接联系雇主或单位",占比为9.7%;两者合计占比84.5%;"查询招聘网站或广告""联系就业服务机构登记""参加招聘会""为找工作参加培训、实习、招考"的比重分别为3.6%、1.8%、1.0%和0.2%;合计6.6%;另外有2.6%的老年人为自己经营做准备,其他就业渠道占比为6.3%。65周岁及以上老年人找工作的主要方式中,"委托亲戚朋友介绍"占比为76.5%,"直接联系雇主或单位"占比为8.1%,两者合计占比84.6%;"查询招聘网站或广告"与"联系就业服务机构登记"的比重

分别为3.3%、1.5%;没有"参加招聘会"和"为找工作参加培训、实习、招考"的数据;另外,有6.7%的老年人"为自己经营做准备","其他"就业渠道占比为3.9%。

将横向数据进行比较可以看出,60~64周岁的老年人与65周岁及以上的老年人寻找工作的主要渠道都是"委托亲戚朋友介绍"和"直接联系雇主或单位",尤其是65周岁及以上的老年人,更喜欢"委托亲戚朋友"介绍。相比较而言,"直接联系雇主或单位""查询招聘网站或广告""联系就业服务机构登记"这三种就业渠道,60~64周岁老年人的比重高于65周岁及以上的老年人。同时,65周岁及以上老年人几乎不"参加招聘会"或者"为找工作参加培训、实习、招考"。65周岁及以上老年人"为自己经营做准备"的占比显著高于60~64周岁的老年人。

三、老年人力资源的就业行业分析

表6.6所反映的是2020年60~69周岁的低龄老年就业人员性别与行业构成情况,从中可以看出,低龄老年人从事的行业主要集中在第一产业与第二产业,其中农林牧渔业、建筑业和制造业占比最高,分别为62.44%、8.31%、7.29%。第三产业占比相对较低,其中信息传输、软件和信息技术服务业占比最低,仅有0.08%。由此可以看出,低龄老年就业人员从事的更多为技术含量少、进入门槛低的工作。

分性别来看,农林牧渔业、建筑业、制造业中,男性低龄老年就业人员比重分别为56.49%、12.21%、7.92%;女性分别为72.37%、1.84%、6.26%。其中,农林牧渔业女性所占比重高于男性15.88个百分点;建筑业女性所占比重较低,仅为男性所占比重的15.07%,主要与建筑业本身劳动强度大有很大关系。这表明老年就业人员基于生理特征及身体健康状态不同所选择的行业存在较大区别。

表6.6　2020年低龄老年人就业人员分性别的行业构成

（单位:%）

行业	男	女	平均值
农、林、牧、渔业	56.49	72.37	62.44
建筑业	12.21	1.84	8.31
制造业	7.92	6.26	7.29
批发和零售业	6.69	6.47	6.61
居民服务、修理和其他服务业	2.31	3.82	2.88
住宿和餐饮业	1.56	2.49	1.91
水利、环境和公共设施管理业	1.84	1.67	1.78
公共管理、社会保障和社会组织	2.11	1.05	1.71
房地产业	1.85	0.93	1.50
交通运输、仓储和邮政业	2.06	0.40	1.44
租赁和商务服务业	1.64	0.56	1.23
卫生和社会工作	0.89	0.77	0.85
教育	0.92	0.66	0.82
科学研究和技术服务业	0.33	0.21	0.29
电力、热力、燃气及水生产和供应业	0.37	0.09	0.26
采矿业	0.34	0.07	0.24
文化、体育和娱乐业	0.23	0.20	0.22
金融业	0.14	0.12	0.13
信息传输、软件和信息技术服务业	0.09	0.05	0.08

数据来源:根据第七次人口普查数据整理。

四、老年人力资源开发现状小结

通过以上分析可以看出,老年人受教育水平总体偏低,因此在进行老年人力资源开发时仍存在开发利用率相对较低、就业渠道单一、就业行业分布不均匀、就业质量不高等问题,老年人力资源开发存在较大提升空间。

一是开发利用率低。根据前面的分析可以看出,中国老年人的社会经济劳动参与率绝对水平较低。由于缺乏对老年人力资源价值的认识,传统观念认为老年人达到退休年龄后就应该颐养天年,退出社会经济活动,从而低估了老年人的人力资源价值,造成老年人力资源开发率低,既浪费了老年人力资源,又增加了社会养老负担,不利于社会经济的发展。另外,专门适用于老年人力资源开发的相关法律法规有所欠缺,这也限制了老年人力资源的开发。《中华人民共和国劳动法》没有将老年就业人员纳入其中;《中华人民共和国老年人权益保障法》未对老年人的就业权益保障作出明确规定。[1]开发老年人力资源,提高老年人就业,首先需要有完善的法律保障,只有健全相关法律法规,切实保护老年人就业权益,才能有效开发利用老年人力资源。

二是就业人员层级有待提高。老年就业人口中,小学与初中学历占比较高,接受过高中及以上教育的人员数量少,导致老年人再就业时大多从事进入门槛低、对学历无要求或低要求的工作,就业质量相对较差。同时,现有老年教育供给资源较少,老年人仍然缺少更新知识、提高技能水平的受教育的机会,很难进入高层次的劳动力市场。

三是就业渠道相对单一。老年人再就业寻找工作主要依靠亲朋好友介绍,其他正式途径占比较低。相比较线上就业渠道,老年人更倾向于线下渠道。而线下就业渠道相对单一,常规的就业招聘渠道主要对年轻人提供服务,很少有专门针对老年人的就业服务机构,使得老年人力资源的供给难以匹配劳动力市场的需求,这在一定程度上影响了老年人力资源的开发。

四是就业质量不高。老年人再就业主要分布在农林牧渔、建筑业、制造业等第一产业与第二产业,且从事的工作技术含量相对较低,这一点与

---

①全俊戈、陈宁:《中国老年人力资源开发的路径选择》,《中共乐山市委党校学报(新论)》2021年第6期。

老年就业人员平均受教育水平较低有直接关系。同时,由于目前老年教育市场尚处于起步阶段,针对老年就业人员的培训教育相对较少,导致老年人就业质量不高。为解决人口老龄化带来的社会问题,充分开发利用老年人力资源,国家需尽快建立完善老年人就业的支持体系,完善老年教育培训工作,在实践中提升老年人力资源的层级水平,将"老年人口"转变为"老年人才",将"老年人力资源"提升为"老年人力资本",提高老年就业人员的就业质量。

第三节　老年人力资源开发的特点

一是开发成本较低。现代人力资源管理学提出,人的职业工作能力发展可以分为培育期、成长期、成熟期、鼎盛期、维持期和衰退期六个时期。[1]知识和经验随着年龄增长而沉淀和提升,老年人已经达到职业能力成熟期并转入维持期。相比较年轻人需要系统培训才能上岗,老年人重新进入职场的适应能力更强。而且老年人通常会从事之前相关的工作,因此老年人力资源开发成本相对较低。同时,老年人还可以利用自己的人脉关系为企业带来社会资本。老年人再就业过程中通过传帮带的形式将工作经验传授给年轻人,相当于间接为年轻人提供教育培训,同时老年人利用自己的社会人脉关系为企业发展提供资源。因此,合理开发利用老年人力资源,尤其是高层次的老年人才,有助于提升整个人力资源队伍的整体实力。[2]

二是开发非紧迫性。物质需求是人们从事劳动工作的主要动力,物质

---

①② 童玉芬、廖宇航:《银发浪潮下的中国老年人力资源开发》,《中国劳动关系学院学报》2020年第2期。

需求促使人们去劳动,生产劳动能够创造人类生存和发展所必需的物质资源。[1]与年轻人相比较,老年人大多有一定的财富积累,生活有基本的保障,具备最基本的生存资料,[2]因此再就业对于很多老年人来说不仅仅是为了谋生,而是为了实现人生价值,提高幸福感与成就感。

改革开放以来,中国经济发展取得举世瞩目的成就,人民的生活水平大幅提升,在解决温饱问题之后正在奔向小康,社会保障制度的完善可以保障老年人安享晚年。因此,对于老年人本身而言,老年人力资源开发不具有紧迫性。但是当前中国人口老龄化形势严峻,老年人数量多,国家养老保险支付财政压力大。劳动年龄人口数量占比不断降低,企业"用工荒""用工贵"问题突出。因此,站在全社会角度来看,老年人力资源开发具有紧迫性。

三是开发时效期短。人力资源与自然资源的显著区别在于是否可存储。自然资源具有可存储性而人力资源属于消耗性资源不能储存,具有显著的时效性,不论是形成、开发还是使用都会受到时间限制。随着年龄的增长,老年人力资源的活跃程度会下降,老年人力资源开发的时效期缩短。老年人力资源的活跃程度与年龄相关,如表6.7所示。

表6.7 老年人力资源活跃程度划分

年龄	活跃程度
60～64周岁	活跃期
65～69周岁	中等活跃期
70周岁及以上	削弱期

资料来源:沈爱华:《老龄化背景下老年人力资源开发研究》,上海海洋大学硕士论文,2022年。

---

[1][2] 陈力:《老年人力资源的特点与开发原则》,《中国人才》1996年第12期。

由表6.7可以看出,60～64周岁的老年人尚处于"活跃期",65～69周岁的老年人活跃性有所下降,处于"中等活跃期",而70周岁及以上老年人则处于活跃度"削弱期"。因此,老年人力资源开发主要是针对60～69周岁低龄老年人。对此,国家应充分考虑人口结构变动与实际就业情况,尽快出台延迟退休政策,及早开发利用老年人力资源,避免因老年人力资源活跃度下降而失去开发老年人力资源、实现老年人价值的机会。

第四节 老年人力资源开发的意义

首先,有利于释放老年人才红利。老年人口蕴含着丰富的人力资源甚至是人力资本,充分利用和开发老年人力资源,有助于赓续中国的第二次人口红利。发展老年教育培训,充分开发利用老年人力资源,提高老年人就业质量,将老年人口红利提升为老年人才红利。人才是第一资源,人才兴则国强。老年人知识储备丰富、劳动技能娴熟、工作经验多、人生阅历广、人脉关系宽,是中国人才队伍中的重要组成,是人才强国的重要力量。中国法定退休年龄偏低,老年人才的退休对于社会而言是资本的浪费,对于个人而言,也让个人失去了继续实现人生价值的机会。延迟退休,深入开发利用老年人力资源,将老年人的经验优势与知识优势转化为现实的生产力,弥补人才短板,优化人才市场结构,才能提升全社会人才资源的利用率。

其次,有利于增进老年人福祉。生活品质既包括客观实际获得又包括主观心理感受,[①]社会参与有助于老年人获得物质与精神双重福祉。一方

---

① 李志明:《习近平关于人民生活品质重要论述的科学内涵与创新性贡献》,《中共中央党校(国家行政学院)学报》2023年第2期。

面,老年人退休后重新回到工作岗位,继续从事与自身条件相符合的工作,可以获取劳动报酬,增加收入,提高老年人的生活水平。收入决定消费,在收入增加的情况下,老年人的消费水平就会提高。而消费水平的提高,又会带动适老产业的发展,拉动国内生产总值增长,促进社会经济的高质量发展。同时,社会经济的高质量发展,又会进一步提高社会保障水平,提高老年人的福利待遇,形成良性循环。由此可见,开发老年人力资源,促进老年人再就业,释放第二次人口红利,有助于提高老年人的物质福祉水平。另一方面,社会参与可以有效满足老年人精神健康需求,增进老龄健康福祉,有利于健康老龄化。社会参与既能延缓身体、心理及认知能力的衰退,①也有助于提升老年人内在和外在的社会价值和正向激励。老年人刚离开工作岗位时,会产生较大的心理落差,甚至产生"离退休综合征",不利于老年人的身心健康。以老年人为中心,延迟退休,推出各种适合老年人的就业岗位,让老年人继续从事擅长的工作,实现社会价值,有助于提升老年人的成就感与幸福感。

再次,有利于减轻家庭和社会养老负担。随着人口老龄化的加剧和养老金水平的不断提高,政府面临较大的养老金支付压力。开发老年人力资源,支持老年人再就业,一方面可以扩大养老金来源,另一方面可以延迟养老金的申领,有助于减轻政府养老金支付的压力,弥补养老基金支付的不平衡,减轻社会负担。②老龄化社会的加剧提高了老年人口抚养比,生育政策的调整提高了少儿人口抚养比,同时劳动年龄人口占比持续下降。每个家庭既要赡养老人,又要抚养孩子,住房、教育、医疗、养

---

① Kajitani S., Working in Old Age and Health Outcomes in Japan, Japan and the World Economy, 2011, 23(3): 153–162.

② 顾彤、刘文娇、凌冰翰:《上海市退休老人再就业问题研究》,《科技创业月刊》2015年11月12日。

老负担重。积极开发老年人力资源,提高老年人再就业率,增加老年人收入,可以减少老年人对于家庭转移收入的需求,甚至实现代际逆向流动,老年人不但不需要家庭的赡养,甚至可以帮助子女承担部分费用,有效减轻家庭的经济负担。

最后,有利于经济社会可持续发展。人口老龄化是经济发展和社会进步的必然结果,也是人类文明进步的体现。人口老龄化并不等于"人口老龄化问题"。老年人口不是"人口负债"而是"人口资产",积极应对人口老龄化,在挑战中寻找机遇,正确处理好人口老龄化与经济发展的关系,在传统人口红利减弱的情况下,积极开发老年人力资源,赓续第二次人口红利,对于提升老年人的幸福感、缓解社会与家庭的养老压力都有重要意义,同时有利于经济社会的高质量可持续发展,为全面建成社会主义现代化强国、实现第二个百年奋斗目标提供新动力。

第七章　第二次人口红利开发的模式分析与对策建议

　　根据国家统计局数据显示,2023年全国人口[①]140967万人,比2022年末减少208万人。其中,出生人口902万人,人口出生率为6.39‰;死亡人口1110万人,人口死亡率7.87‰,人口净增长率为-1.48‰。从年龄构成来看,65周岁及以上老年人口占比为15.4%,劳动年龄人口占比61.3%,少儿人口占比23.3%,老少比为0.66,人口老龄化趋势进一步加剧。老年人作为人口结构的重要组成部分,其作用愈发凸显。为应对人口老龄化,2020年国家提出"实施积极应对人口老龄化国家战略"。"实施积极应对人口老龄化国家战略"的关键在于"积极应对"。必须健全多层次社会保障体系,全面推进健康中国建设,才能积极应对人口老龄化。同时,在政府的引导下,广泛动员老年人、企业与社会各界力量参与,合作共赢,发展适老产业,开发老年消费市场,挖掘老年人力资源,增加老年人就业,释放中国第二次人口红利,打造老龄社会治理共同体,助力经济社会的高质量可持续发展。

第一节　第二次人口红利开发的主体

　　第一,政府。第二次人口红利开发必须由政府引导,行使公共权力,发

　　[①] 全国人口包括31个省、自治区、直辖市和现役军人的人口,不包括居住在31个省、自治区、直辖市的港澳台居民和外籍人员。

挥公共职能。适老产业提供的产品为准公共物品,竞争性的市场不能实现准公共物品供给的帕累托最优,因此适老产品不能完全依靠市场来提供,而必须由政府与市场共同开发。由于适老产业兼具市场性与公益性,要求政府在税收等方面给予适当的政策支持。延迟退休、老年人再就业,维护老年人的合法权益,需做到有法可依。政府需积极发挥制度建设作用,制定和完善适老产业发展、老年消费与老年人力资源开发的相关法律法规,为第二次人口红利开发提供制度规范。同时由政府加强和优化公共服务,维护市场秩序。目前,中国适老产业处于初步发展阶段,老年消费市场占比相对较低,延迟退休政策尚未正式出台。适老产业的定位、老年消费市场的估值、老年人合法权益的保障,都需要由政府引导。同时,第二次人口红利开发造成的外溢效应、市场失灵等,都需要政府进行调控。政府在第二次人口红利开发中扮演重要角色。

第二,老年人自身。老年人蕴含着新的人口红利。传统意义上的人口红利,是指由劳动年龄人口占比高为社会带来的投资、消费等方面的红利。随着人口老龄化程度的加深,劳动年龄人口占比减少,这种传统的人口红利逐步减弱。在这种情况下,就需要深入挖掘老年市场。一方面,老年人市场拥有巨大的人力资源潜力。劳动年龄人口的界定范围为15～64周岁,而中国的法定退休年龄偏低。胡雯在研究中给出的数据显示,2020年中国平均退休年龄为57.5岁,中国老年人力资源潜力有待挖掘。另一方面,老年人市场蕴藏巨大的银发经济潜力。老年消费市场是中国消费市场的一个重要组成部分。人口老龄化的加深,老龄人口数量的增多,叠加经济发展和社会保障制度的完善,老年人的收入水平和生活水平逐步提高,老年消费市场必然充满商机。随着老年消费市场的转型升级,除了传统的衣食住行外,社会对于医养、健康、文旅等适老产业的需求不断增加,老年消费市场必将迎来广阔的蓝海。

第三，企业。企业是养老产品的提供者，又是老年人就业机会的主要提供者。随着消费市场"内卷"程度的不断加深，企业亟须开拓老年消费市场；同时，劳动年龄人口减少给企业带来的"用工难""用工荒""用工贵"等问题又迫切需要深入开发利用老年人力资源，提高老年人就业率。在中国积极应对人口老龄化国家战略的背景下，老年消费市场得以开拓，适老产业的发展正有序开展；延迟退休政策逐步落实，老年人再就业数量增加，要求企业在开发老年人力资源过程中承担重要的责任。企业应充分利用政府制定的税收优惠、财政补贴等鼓励性政策，充分调研老年消费市场，以老年人的需求为出发点，充分把握老年人的心理和生理特征，开发高质量的适老产品。在老年人力资源开发过程中也要充分考虑老年人的身体健康状况与心理特征，充分利用老年人丰富的工作经验与专业技能，为老年人"量身打造"工作岗位，盘活老年人口红利。同时，关注老年人的身体健康和心理健康，为老龄员工建档立卡，增加老龄员工体检次数，并根据老龄员工的健康状况适当调整工作岗位。

第四，社会环境。人口老龄化问题是全社会要共同面对的问题。发展适老产业，开发老年人力资源，不仅涉及政府、老年人、企业三个方面，更需要社会各界力量的参与，为第二次人口红利开发创造良好的市场环境。构建养老孝老敬老的社会环境，要求社会各界给予老年人更多的尊重与关爱，正确看待人口老龄化，不能将老年人视为社会负担，将人口老龄化视为人口负债，而是要认识到老年人的社会价值，将老年人作为宝贵的社会财富，充分开发人口老龄化带来的老年人口红利。发展适老产业，开发老年消费市场，延迟退休，开发老年人力资源，不仅仅是增加老年人的收入，促进经济增长，更是为了社会和谐、国家长治久安。创新适老产业发展与老年人力资源开发多方参与新模式，有效整合市场资源，营造老年友好型市场环境，才能有效开发第二次人口红利。

第二节　第二次人口红利开发
需要处理好四对关系

传统人口红利依赖劳动年龄人口数量,是由人口年龄结构优势形成的。第二次人口红利开发则需要依靠老年消费市场"需求端"与老年人力资源"供给端"来实现。第二次人口红利开发需要处理好以下四对关系。

一是老龄人口与长寿经济的关系。随着经济发展和社会进步,人们的生活水平与社会医疗水平不断提高,老年人的健康状况得以改善,人均寿命得以延长。按照世界卫生组织的标准,预期平均寿命达到70周岁的国家属于长寿国家。国家统计局数据显示,2000年中国预期平均寿命为71.4岁,因此2000年中国进入长寿国家行列。[1]到2020年,中国预期平均寿命77.93岁,比2020年提高6.53岁。2020年陈东升提出,在长寿经济的概念下,老年人除了作为消费者外,同时还担任着生产者和创新者的角色,在消费端和供给端同时推动经济增长和社会进步。[2]长寿社会,老年人成为社会生产与消费的重要组成部分。老年人利用自身的人力资源储备,参与社会活动,提高自身收入水平,同时减轻政府财政压力。收入的增加又可以提高老年人的消费水平,优化老年人的消费结构,为老年产业的发展注入力量。老年人口红利不仅包括老年人蕴藏的人力资源红利,更包括老年人潜在的消费潜能。通过"供给侧"与"需求侧"的结合,老年人必然成为增加就业、拉动消费、助力经济增长的贡献者。2013

---

①　国家统计局:《〈中国妇女发展纲要(2011—2020年)〉终期统计监测报告》(2021-12-21),https://www.stats.gov.cn/xxgk/sjfb/zxfb2020/202112/t20211221_1825526.html。

②　陈东升:《长寿时代对社会经济的影响》,《中国社会工作》2020年第11期。

年,杨赞等也充分肯定了老年人对拉动消费的意义,指出中国老年家庭退休后总消费水平不降反升,尤其近些年份在较发达地区,退休对消费的提振作用更明显。[1]

二是人口经济投入与产出的关系。经济增长的投入因素包括劳动力投入、教育投入与固定资金的投入。传统人口经济注重人口数量变动与人口结构变化对经济带来的影响,经济增长主要依靠人口数量。随着经济社会的发展,人口质量对产出的影响显著增强。尤其是在人口老龄化社会,老年人口红利成为人口经济关注的重点。开发第二次人口红利,实现经济增长,必然要求增加老年人力资本、教育与社会资金的投入。2020年中国国内生产总值总量突破100万亿元,[2]2023年国内生产总值总量继续提高至125万亿元。经济运行平稳,产业结构优化升级,综合国力大幅跃升。经济增长依靠持续高效的投入,人力资本决定经济发展速度和质量。只有把握人口与经济增长的关系,合理分配投入产出结构,才能实现两者协调发展,推动社会进步。

三是人口红利与教育结构的关系。发展老年教育是应对人口老龄化的重要举措,也是开发老年人力资源的重要路径。教育水平与结构是决定人才质量和结构的重要因素。教育的范围非常广泛,既包括基本公共教育,又包括职业技术教育、高等教育,同时还包括终身学习教育。随着经济发展与国家对教育重视程度的提高,中国人均受教育程度不断提升。"十三五"期间,劳动年龄人口平均受教育年限高于10年,超过50%的新增劳动

---

① 杨赞、赵丽清、陈杰:《中国城镇老年家庭的消费行为特征研究》,《统计研究》2013年第12期。

② 国家统计局:《2020年四季度和全年国内生产总值初步核算结果》,http://www.stats.gov.cn/tjsj/zxfb/202101/t20210119_1812514.html。

力接受过高等教育,平均受教育年限为13.7年。[①]相较于劳动年龄人口的受教育水平,中国老年人的受教育水平相对较低。根据前文的数据可以看到,老年就业人员中,未上过学的比重为7.12%,接受小学教育的比重为42.16%,接受初中教育的比重为33.61%,三者合计82.89%,显著低于劳动年龄人口的受教育水平。开发老年人力资源,释放第二次人口红利,是要开发老年人才红利,开发人口质量红利,不是让老年人"退而不休",更不是"抢饭碗",而是基于老年人自身优势,以尊重老年人意愿为前提,有效开发利用老年人力资源。终身学习是新时代的必然要求,也是老年人参与社会活动、实现自身价值的必然选择。发展老年教育,应动员多方力量,形成多方参与的多元化格局。大中专院校面向老年人开设培训,或者与老年大学联合办学提供优质课程;培训机构根据企业需求开展老年人职业"订单式"培训;引入民办教育机构、民间资本;在社区教育中融入老年教育,扩大老年教育覆盖面。

四是老年人口与数字时代的关系。当今的数字时代,带给老年人"数字红利"的同时,也成为很多老年人的"数字鸿沟"。年轻人因为自身具备较好的教育素养,再加上年龄优势,很容易跨越数字鸿沟。而老年人受年龄、健康、教育水平等诸多因素的影响,对于数字技术的使用接受相对较慢。为了让老年人更好地融入数字时代,一方面要推广互联网教育,加强对老年人的数字化培训,帮助老年人掌握数字技术;另一方面要注重数字产品的适老化改造,为老年人量身打造"适老产品",才能有效开拓老年消费市场,推动银发经济发展。

---

①《我国过半数新增劳动力接受过高等教育》,新华网,http://www.xinhuanet.com/politics/2020-12/02/c_1126810182.htm。

第三节 第二次人口红利开发的模型分析

一、老年消费市场开发模型

(一)模型设计

政府、企业、社会组织与老年人共同构成老年消费市场的参与主体。发展适老产业,开发老年消费市场,必然需要四个方面同时发挥作用。现阶段对于消费市场的开发,几乎都是从企业的角度进行研究,属于企业内部管理模式,而缺少全方位全过程的系统性开发模型。老年消费市场以老年人为消费对象,与其他消费市场存在显著区别,适老产业兼具市场性与公益性,在开发过程中更需要注重政府的参与。老年消费市场的发展需要政府、企业、社会环境与老年人的共同配合、共同作用。本书以此为契机,致力于建构全方位的老年消费市场开发模型,助力老年消费市场的开发。

(二)模型描述

政府是老年消费市场开发的重要组成部分,主要起引导、协调、监管等作用。第一,完善顶层制度设计,规范相关法律法规;成立国家层面的专门服务老年人的相关机构,协助老龄委员会处理有关老年人的相关工作;设立老年消费市场指导中心,引导老年人合理消费;利用数字技术,建立老年消费市场信息库,了解老年人消费需求。第二,强化社会监管,保障老年消费者合法权益。联合相关部门齐抓共管,整治老年消费市场乱象,坚决维护老年人的合法权益。第三,构建智慧养老平台,实现适老产业发展过程中政府职能的转变。数字经济时代,智慧养老是顺利开发老年人消费市场的前提和基础。随着人口老龄化的加速与城镇化进程的加快,中国已经由"乡土中国"转为"迁徙中国",养老模式由"居家养老"转变为"社区居家养老为首选,养老服务机构为有效补充"。构建智慧养老平台,推动适老产业发展,需要由政府进行合理引导与规范。第四,充分发挥全国老龄工会的作用,关注老年人的身心健康、养老医疗与消费娱乐,完善全国老龄工会的服务体系,建立健全服务范围,真正为老年人服务,为老年人带来福祉。

企业为老年消费市场提供产品,需要根据老年消费特征,定制市场策略。第一,产品策略。老年用品的开发要适应老年人的消费需求,注重其实用性、保健性、舒适性;品牌和质量方面要注重以质量为本,以质量立品牌,提高老年消费者的忠诚度;产品包装方面尤其要注重进行适老化改造,产品说明使用大字号,生产日期等信息标注明确,包装说明简洁易懂。第二,价格策略。虽然老年人的收入水平有所提高,消费观念逐步转变,但是老年人的消费习惯跟年轻人还是存在区别,首先就体现在价格方面,老年人往往更注重性价比。因此,要注重对老年消费市场的细分。针对不同消费群体,制定不同的价格策略。第三,营销策略。开发老年消费市场,提高老年消费者的顾客忠诚度,首先要根据老年人的消费习惯制定营销策略。在保证产品质量的前提下,多采用人员推销的方式,注重与老年消费者交流,以情动人,取得老年消费者的信任与支持。其次针对老年人喜欢就近消费的特点,产品零售环节采取连锁分销策略。老年消费市场既包括衣食住行等基本生活必需品,又包括医养、健康、文旅、教育等领域。适老产业的发展,要结合老年消费者的需求,才能在竞争中立于不败之地。

适老产业的健康良性发展,需要有一个养老、孝老、敬老的适老化社会环境。第一,在新媒体时代,要实现传统媒体与新兴媒体的有机融合。传统媒体具有权威性和公信力,也更易被老年人接受。新兴媒体传播速度快、覆盖面广,随着信息时代的发展,越来越多的老年人开始关注以抖音、快手等为代表的新媒体。因此,在发展适老产业,开发老年消费市场时,要将传统媒体与新兴媒体有机结合,形成良好的社会氛围。第二,成立老年人志愿者组织,为发展适老产业提供志愿者服务,维护老年人消费者合法权益。志愿者服务是发展老年消费市场必不可少的重要组成部分,既可以有效弥补政府服务的空缺,又可以让老年人感受到社会的温暖,有效维护老年人的合法权益,提高老年人社会参与的意愿。第三,建立健全基层老年协会,鼓励老年人参加社会活动,提高老年人的社会参与能力,增加老年人之间的交流,提高老年人幸福感和归属感,必然有助于激发老年人的消费热情,对开发老年消费市场起到积极作用。

积极应对人口老龄化国家战略的实施,必须坚持以人为本。适老产业的发展,消费市场的开发,都要围绕老年人开展,以老年人为中心。老年人本身也应该转变观念,树立正确的思想意识,给自己一个正确的定位。不能将自己视为社会的负担,而应该看到自身所具备的消费潜力,转变消费观念,提升自身幸福指数。时代终究是要向前发展,数字经济时代已经到来,老年人要与时俱进,不断学会适应,跨越数字鸿沟,享受数字红利,不被时代所淘汰,实现自身价值。同时,老年人要不断提升自己,坚持"活到老,学到老",树立终身学习的信念。不断提高自己的知识与技能,实现老年人才红利,同时,更好地享受智能化服务为老年人带来的消费、居住及生活等方面的便利。

(三)老年消费市场开发模型构建

本书建构的由政府、企业、社会各界和老年人共同参与的老年消费市场开发模型,如图7.1所示。

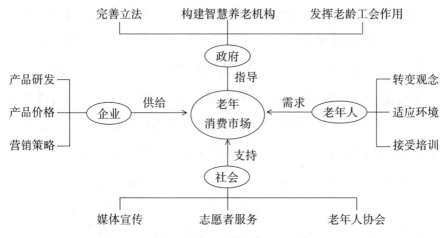

图7.1 老年消费市场开发模型

二、老年人力资源开发模型

(一)模型设计

同老年消费市场开发模型一样,老年人力资源开发同样需要有政府、企业、社会组织与老年人的共同参与,协同发展。政府同样主要起到主导、协调、监管等作用,社会组织起到支持、促进作用。企业由产品的供给方转变为人力资源的需求方,而老年人则由产品的需求方转变为人力资源的供给方。因此,老年人力资源开发模型与老年消费市场在政府和社会两个方面基本一致,对企业和老年人提出了不同要求。现阶段关于人力资源开发的所有模型,大部分都是以企业为研究主体,缺少全方位的系统性开发模式。老年人力资源开发以老年人为开发对象,老年人与其他人群存在显著区别,老年人力资源开发应充分考虑老年人的特点。本书以此为契机,致力于建构全方位的老年人力资源开发模型,助力第二次人口红利的实现。

(二)模型描述

政府在老年人力资源开发过程中扮演着重要角色,包括制定完善相关法律法规、为企业提供财政补贴与税收优惠、建立信息沟通平台、为老年人提供继续教育支持等。开发老年人力资源,第一,需要落实延迟退休政策。政府要充分研判中国人口老龄化程度、评估老年人身心健康状况,在充分尊重老年人意愿的前提下制定合理的延迟退休政策。第二,针对老年人再就业过程中缺少立法保护的情况,制定专门的老年人就业权益保护法律法规,为老年就业人员合法权益提供法律保障,同时要完善老年人就业相关保险制度,落实老年就业人员的社会救助制度等。第三,成立老年就业指导中心,建立分级老年人力资源专业机构,建立老年人才库,为老年人提供就业指导。2022年8月,由中国老龄协会老年人才信息中心主办的"中国老年人才网"已经上线,中国老年人才信息服务平台建设正式启动。第四,充分发挥全国老龄工会的作用,完善服务体系,建立健全服务范围,为老年人力资源开发提供有效支持。第五,完善老年继续教育相关制度,提高老年人就业能力。

企业是老年人力资源的需求方,是开发老年人力资源、释放老年人口红利的关键。企业要消除对老年就业人员的偏见,在招聘甄选、岗位匹配、教育培训、薪酬给付等方面进行调整,满足老年人的用工需求。第一,招聘甄选。为了减少信息不对称,在招聘选拔过程中可以进行"人岗匹配",开发胜任力模型,提高招聘的针对性,减少企业的人力资源招聘成本,同时使老年人尽快找到合适的岗位。第二,岗位匹配。企业在为老年就业人员进行岗位匹配时要充分考虑到老年人的生理与心理特征,为老年人提供合适的岗位,采取弹性工作制度,制定更加灵活的休假模式。第三,教育培训。提高老年人就业能力,不仅需要国家的政策支持与资金补助,更需要企业结合老年人自身愿望与企业需求,为老年人提供培训,使老年人紧跟时代步伐,充分实现自身价值。第四,薪酬给付。企业制定薪酬战略时要充分考虑老年人的需求,为老年人量身定做,采取多样化薪酬制度,注重老年人的福利多样化,尤其是以实物和服务等形式发放的福利,可以增强老年就业人员的归属感,提升老年员工的忠诚度。

老年人力资源的开发同样需要一个适老化的社会环境。第一,是要注重舆论引导,正视中国人口老龄化现状,消除社会对老年人再就业的偏见,让延迟退休的政策深入人心,提高社会对老年人再就业的认可。中国法定退休年龄偏低,延迟退休势在必行。但是社会上还有很多人,包括很多老年人自身,对于延迟退休存在偏见。因此,必须大力发挥媒体的宣传作用,为老年人力资源开发创造良好的舆论环境。第二,成立老年人就业志愿者组织,为老年人提供合适的就业机会。通过建立"老年就业指导中心""老年培训指导中心"等志愿组织,既可以有效弥补政府开发老年人力资源的"真空地带",又可以增加老年人就业的渠道,维护老年人的合法权益。第三,发挥各级老年协会的协调作用。通过老年协会将老年人联系在一起,信息共享,交流经验,引导更多老年人参与社会活动,对于有效开发利用老年人力资源意义重大。同时,要建设老年人再就业服务站、仲裁机构,为老年就业人员提供"一站式"法律援助服务。

老年人力资源开发,归根到底是要让老年人重新走上工作岗位,从事生产或其他社会活动。老年人力资源开发,必须坚持以老年人为中心,充分考虑老年人的健康状况,尊重老年人的就业意愿。实施延迟退休政策、开发老年人力资源,不是让老年人"退而不休",更不是与年轻人"抢饭碗",而是在中国积极应对人口老龄化国家战略的背景下,充分挖掘老年人口红利,实现老年人社会价值,提高老年人的社会归属感。因此,老年人本身首先要积极转变观念,树立正确的劳动观与价值观,在身体状况允许的情况下主动从事生产性和其他社会活动。其次,老年人要适应社会环境。时代在不断进步,数字经济已经是当今世界潮流,对于生产生活环境的快速改变,老年人要接受并快速适应,这样才能不被社会淘汰,实现自身价值。同时,老年人注重学习新知识,利用新媒体和新技术,丰富自身阅历,提供工作技能,更好地释放老年人口红利。

(三)老年人力资源开发模型构建

本书构建的由政府、企业、社会各界及老年人共同参与的老年人力资源开发模型如图7.2所示。

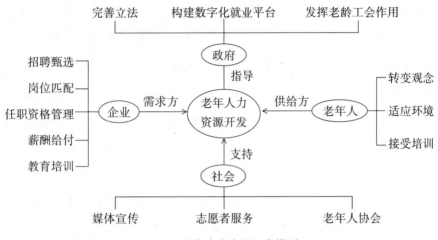

图7.2 老年人力资源开发模型

第四节 第二次人口红利开发的对策建议

为应对人口老龄化的严峻形势,2020年党的十九届五中全会提出"实施积极应对人口老龄化国家战略"。实施积极应对人口老龄化战略,要从"需求侧"与"供给侧"入手,协调好政府、市场、企业、老年人之间的关系,构建全方位开发模型。在中国式现代化建设新征程中,第二次人口红利开发应注意以下八点。

第一,完善人口政策,解决人口总量问题。人口政策通常是指一个国家根据本国人口增长过快或过慢而采取的相应政策。人口政策除包括计划生育政策外,还包括家庭政策、移民政策等,这些政策也会间接影响一个国家的人口增长。2020年张越等提出,需要在更深层次上转变发展理念与思维模式,构建多层次、多维度的人口政策体系。[1]2013年"单独二孩"、2016年"全面二孩"、2021年"三孩政策"这些生育政策的调整,并没有使得人口自然增长率持续好转,2022年、2023年,中国连续两年实现人口负增长。因此,人口政策不应片面强调鼓励人们"生孩子",而应着力解决好"养孩子"和"育孩子"的问题。人口发展是全社会要共同面对的问题,对于住房、教育、医疗等都提出挑战。为了支持三孩政策的实施,中国政府提出了一系列配套措施。由此可以看出,中国的人口政策逐步涵盖生育、教育、养老与提高人力资本存量,正在形成全方位、多层次的人口发展战略。人口政策的完善,有助于实现人口数量红利向人口质量红利的转变。[2]

第二,调整教育政策,解决人才结构问题。人才是第一资源。大力发展教育事业,建设学习型社会,实现人口红利向人才红利的转变,人口数量红利向人口质量红利的转变,是人口老龄化背景下实现中国第二次人口红利的关键。目前,中国教育总体水平居于世界中上行列,但仍存在教育结构、教育成本、教育质量等方面的短板,尤其是职业教育与老年教育方面。随着人口老龄化程度的加深,中国劳动年龄人口占比下降。同时,中国经济发展转入高质量发展阶段,新兴产业快速发展,技术技能型人才市场需求不断扩大,客观上决定了职业教育必然大有作为。老年教育是一种非正式的教育形式,教学内容与教学方式多样化。随着中国进入深度人口老龄化社会,大力发展老年教育,将老年教育与职业教育、社区教育结合,提高老年人口质量,为中国第二次人口红利开发奠定坚实的教育基础。

第三,出台老龄政策,解决老年人口存量问题。老龄人口数量多,增长

---

[1][2] 张越、陈丹:《新中国70年的人口政策变迁与当代人口发展》,《宏观经济管理》2020年第5期。

速度快,人口老龄化加速,是中国未来很长一段时间内的基本国情。这就要求我们必须实施积极应对人口老龄化国家战略,制定老年政策,释放第二次人口红利。一方面,逐步延迟退休,让老年人积极参与社会活动,充分开发利用老年人力资源,从供给端释放老年人口红利。刘晓光和刘元春研究认为,渐进式延迟退休政策为实现中国从第一次人口红利向第二次人口红利转换提供宝贵的窗口期。[1]另一方面,大力促进适老产业发展,开发老年消费市场,释放老年人消费活力,利用数字技术培育新型智慧养老产业。老年人力资源的开发与适老产业的发展都需要国家制定相应老年政策。党的十八大以来,发展老龄事业、建设养老服务体系、推动医养结合、探索长期护理保险等全方位、多层次的老龄相关政策密集出台。[2]《国家积极应对人口老龄化中长期规划》从五个方面具体部署积极适应人口老龄化战略的具体任务,[3]包括增加社会财富、改善劳动力供给、打造适老产品与服务体系、强化科技创新能力、构建养老孝老敬老的社会环境等。

第四,部署消费政策,解决消费需求增量问题。生产决定消费,消费又反作用于生产。在拉动经济增长的"三驾马车"中,消费发挥主引擎作用。2022年末,中国总人口数超过14亿人,其中65周岁及以上老年人口数量2.1亿人,消费市场潜力巨大,尤其是老年消费市场发展前景广

---

① 刘晓光、刘元春:《延迟退休对我国劳动力供给和经济增长的影响估算》,《中国人民大学学报》2017年第5期。

② 陆杰华:《新时代积极应对人口老龄化顶层设计的主要思路及其战略构想》,《人口研究》2018年第1期。

③《中共中央 国务院印发〈国家积极应对人口老龄化中长期规划〉》(2019-11-21),https://www.gov.cn/zhengce/2019-11/21/content_5454347.htm?eqid=ecabfe0600050233000000 026461a36a。

阔。①同时应重视消费与生产结构调整的关系,通过消费结构升级带动人力资本提升与知识创新,从而提升生产效率,生产效率的提高又有助于消费结构转型升级,从而实现"消费—人力资本—生产—消费"的动态循环。②随着老年人收入的增加与消费理念的提升,老年消费需求逐渐向个性化、多样化、高端化转型升级。康养、教育、文化、体育、休闲、旅游、房地产、金融等需求快速增长。目前,国内有效需求仍显不足,尤其是老年消费市场,仍有待开发。

第五,强化投入政策,解决人口质量问题。适老产业的发展,老年消费市场的开拓,老年人力资源市场的开发,都需要依靠政府的投入。人口结构的调整、人口红利的释放、人才质量的提高、适老产业的发展、消费潜力的挖掘,都需要依靠经济发展,而经济的发展又离不开投入。投入的主体主要包括政府、企业、居民、社会。对于发展适老产业和老年人力资源开发,政府是最主要的投资主体。第二次人口红利的开发,必须依靠政府的资本投入,既包括物质资本的投入,又包括人力资本的投入。一是要确立正确的投入产出观念;二是要制定与经济发展水平相适应的投入举措;三是尊重资本投入基本规律,政府要注重提升财政投入占国内生产总值的比重;四是企业要注重提升企业研发投入占企业营业成本的比重;五是居民要注重提升教育消费支出占消费总支出的比重;六是社会要注重提升社会研发投入占国内生产总值的比重。

第六,完善就业政策,解决人口红利问题。完善就业政策,提高就业质量,赓续第二次人口红利。只有实现充分就业,才能释放人口红利,增加居

---

① 国家统计局:《中国统计年鉴2023》,https://www.stats.gov.cn/sj/ndsj/2023/indexch.htm。

② 袁富华:《供给主导转向消费需求主导:长期增长过程的调整与效率模式取向》,《学术研究》2016年第10期。

民收入,拉动消费需求,实现经济增长的乘数效应。在人口老龄化背景下,中国尤其要完善老年人就业政策。通过加强宣传与推广,让延迟退休政策深入人心;为老年人提供职业培训,提高老年就业人员劳动技能;鼓励老年人创业,为老年人创业建立支持体系;为企业提供税收优惠与奖励政策,鼓励企业招聘老年就业人员;建立灵活的工作安排,实行弹性工作制度与灵活的休假制度,尊重并满足老年人的需求,最大限度提高老年就业人员的获得感。

第七,落实科技政策,解决发展动力问题。创新为推动社会进步提供动力,中国经济高质量发展必须依靠创新。科技创新,一靠投入,二靠人才。科技创新,既要依靠市场的力量,又要发挥政府的作用。发展适老产业,开拓老年消费市场,要依靠创新。只有实现产品创新,改善消费环境,增强产品的适老性,才能满足老年人多元化的消费需求;开发老年人力资源,同样需要创新,不仅要有制度的创新,老年人力资源开发模型的创新,还要有就业渠道的创新,教育培训的创新等。只有充分落实科技政策,充分调动创新主体的积极性,才能用创新推动生产发展,实现第二次人口红利。

第八,实施积极财政政策,解决发展潜力问题。财政是国家治理的基础和重要支柱。财政政策是国家制定的,用于干预经济、实现宏观经济目标的工具,是经济政策的重要组成,主要包括税收政策、公共支出政策、政府投资政策、财政补贴政策等。发展适老产业,开拓老年消费市场,发展银发经济,首先需要财政政策的支持。适老产业兼具市场性与公益性的特点,亟需国家通过财政政策给予支持。只有通过增加财政投入,提供财政补贴、税收优惠等措施,才能有效引导社会资本参与适老产业发展与老年消费市场开发。同时,开发老年人力资源,实现老年人再就业,同样需要政府财政政策的支持,为老年人自主创业提供资金支持和税收优惠,给予雇佣老年就业人员的企业适当的财政支持,才能为老年人再就业创造良好的社会氛围,从而实现第二次老年人口红利的开发。

综上所述,只有政府、企业、老年人与社会环境综合发力,以老年人为中心,完善制度、改善环境,才能真正释放老年人口红利,助力经济社会健康发展。

人口老龄化是21世纪全人类共同面对的社会问题,也是中国未来很长一段时间的基本国情。人口老龄化为经济发展带来挑战的同时,也带来了新的发展机遇。中国共产党审时度势,立足国情,提出积极应对人口老龄化国家战略。充分挖掘老年人的消费潜力与人力资本,实现老年消费市场需求端与老年人力资源供给端有机结合,开发中国第二次人口红利,对于经济发展、人民幸福、社会和谐具有深远意义。

参考文献

一、中文文献

1.安华、赵云月:《国际比较视域下的老年人就业:社会认同、政府支持、企业配合》,《经济体制改革》2020年第4期。

2.白维军、王邹恒瑞:《积极老龄化视域中的家庭养老政策支持研究》,《北京航空航天大学学报(社会科学版)》2021年第1期。

3.边恕:《老龄群体:不可忽视的社会生产力》,《理论与改革》2021年第5期。

4.蔡昉:《未来的人口红利——中国经济增长源泉的开拓》,《中国人口科学》2009年第6期。

5.曹红梅、何新羊:《积极老龄化视域下社会活动参与对老年人健康的影响》,《江苏社会科学》2022年第5期。

6.曹晓亮:《上海市老年人力资源开发研究》,新疆大学硕士论文,2019年。

7.曾霞、姚万军:《延迟退休年龄政策的就业冲击效应——基于OECD国家数据的实证检验》,《西北人口》2020年第2期。

8.陈爱华:《积极老龄化的生命伦理意蕴解读》,《湖湘论坛》2020年第2期。

9.陈际华:《"时间银行"互助养老模式发展难点及应对策略——基于

积极老龄化的理论视角》，《江苏社会科学》2020年第1期。

10.陈清兰：《人口老龄化背景下的我国老年人力资源开发研究》，《湘潭师范学院学报(社会科学版)》2008年第4期。

11.陈园：《江西省老年人再就业意愿的影响因素分析及对策研究》，江西财经大学硕士论文，2017年。

12.丛金洲、吴瑞君：《退休老年人再就业的实现机制：基于马斯洛需求层次理论的实证分析》，《西北人口》2022年第6期。

13.丁英顺：《人口老龄化背景下韩国老年人力资源的开发》，《东北亚学刊》2015年第4期。

14.杜鹏：《中国特色积极应对人口老龄化道路：探索与实践》，《行政管理改革》2022年第3期。

15.杜育红：《人力资本理论：演变过程与未来发展》，《北京大学教育评论》2020年第1期。

16.方芳：《明瑟尔人力资本理论》，《教育与经济》2006年第2期。

17.方建移：《积极老龄化离我们有多远——基于老年人精神需求的思考与探索》，《浙江工商大学学报》2022年第1期。

18.冯华：《老年人力资源利用与开发的探讨》，《社会工作》2010年第8期。

19.郭晗、任保平：《人口红利变化与中国经济发展方式转变》，《当代财经》2014年第3期。

20.郭江：《城乡老年人就业状况比较》，《干旱区资源与环境》2018年第10期。

21.韩烨、沈彤：《中国特色养老服务体系建设的逻辑起点与规划远景——从"积极老龄化"到"积极应对人口老龄化"国家战略》，《学习与探索》2021年第3期。

22. 胡澎:《日本老年雇佣制度的经验与启示》,《人民论坛》2020年第9期。

23. 胡湛、彭希哲:《对人口老龄化的再认识及政策思考》,《中国特色社会主义研究》2019年第5期。

24. 胡湛、彭希哲:《应对中国人口老龄化的治理选择》,《中国社会科学》2018年第12期。

25. 黄玖琴、梁成艾、王德召:《老龄化背景下武陵山区农村老年人力资源开发问题及对策》,《职教论坛》2019年第8期。

26. 蒋俏蕾、陈宗海:《银发冲浪族的积极老龄化:互联网使用提升老年人主观幸福感的作用机制研究》,《现代传播(中国传媒大学学报)》2021年第12期。

27. 金刚:《中国退休年龄的现状、问题及实施延迟退休的必要性分析》,《社会保障研究》2010年第2期。

28. 金光照、陶涛、刘安琪:《人口老龄化与劳动力老化背景下中国老年人力资本存量与开发现状》,《人口与发展》2020年第4期。

29. 荆涛、张一帆、谢远涛、寇琳:《老龄化、延迟退休与"统账结合养老模式"分析》,《社会研究保障》2016年第1期。

30. 雷晓康、王炫文、雷悦橙:《城市低龄老年人再就业意愿的影响因素研究——基于西安市的个案访谈》,《西安财经大学学报》2020年第6期。

31. 黎娅:《我国老年人力资源开发问题研究》,《北方经贸》2015年第4期。

32. 李宏洁、张艳、杜灿灿等:《积极老龄化理论的国内外研究进展》,《中国老年学杂志》2022年第5期。

33. 李宏洁、张艳、余自娟等:《农村老年人积极老龄化现状及影响因素研究》,《中国全科医学》2020年第16期。

34.李嘉佳、裴泓波、石秀娥等:《积极老龄化量化测量工具的比较研究》,《中国循证医学杂志》2020年第3期。

35.李连友、李磊:《构建积极老龄化政策体系 释放中国第二次人口红利》,《中国行政管理》2020年第8期。

36.李龙:《建构低龄老年人口人力资源开发有利环境》,《中国社会科学报》2023年2月22日。

37.李晓宁:《城镇老年人再就业选择的影响因素研究》,《经济研究导刊》2021年第18期。

38.李增蔚、季孝琛、胡斌武:《积极老龄化视阈下城市社区老年教育转型探究》,《职教论坛》2021年第4期。

39.李志明:《加强新就业形态劳动者社会保险权益保障》,《中国党政干部论坛》2023年第4期。

40.李志明:《习近平关于人民生活品质重要论述的科学内涵与创新性贡献》,《中共中央党校(国家行政学院)学报》2023年第2期。

41.李志明:《有效推动经济社会的适老化转型》,《中国党政干部论坛》2022年第8期。

42.林宝:《人口老龄化城乡倒置:普遍性与阶段性》,《人口研究》2018年第3期。

43.林宝:《延迟退休年龄对养老金资金平衡的影响》,《财经问题研究》2014年第12期。

44.林熙、林义:《法国退休制度演变与改革的经验教训及启示:基于退休渠道的视角》,《国外社会科学》2017年第2期。

45.刘斐然:《老年人就业对劳动力市场的影响研究——基于中介效应视角》,《当代经济》2019年第12期。

46.刘玮:《个体积极老龄化:积极老龄化的逻辑基础与政策取向》,《云南社会科学》2021年第3期。

47. 刘玮玮、贾洪波：《制度伦理视域下老龄健康公平》，《医学与哲学》2021年第19期。

48. 刘文、焦佩：《国际视野中的积极老龄化研究》，《中山大学学报（社会科学版）》2015年第1期。

49. 刘文、杨馥萍：《中国积极老龄化发展水平测度——基于东中西部地区28个省市的数据研究》，《人口学刊》2019年第2期。

50. 刘宇佳、李汉学：《迈向"老有所为"新境界：积极老龄化视域下老年教育发展审思》，《湖北社会科学》2021年第11期。

51. 刘远立：《树立积极老龄观 促进健康老龄化》，《行政管理改革》2022年第4期。

52. 刘越、蔡成喜、高臣：《产业转型趋势下制造型企业老年人力资源开发途径研究》，《中国人力资源开发》2014年第11期。

53. 刘政、严运楼：《积极老龄化视角下居家医疗服务发展路径探索》，《中国卫生事业管理》2021年第3期。

54. 鲁全：《系统集成视角下积极应对人口老龄化的社会保障改革研究》，《学术研究》2021年第8期。

55. 鲁晓明：《积极老龄化视角下之就业老年人权益保障》，《法学论坛》2021年第4期。

56. 栾伟、朱珠、朱冬平等：《城乡结合社区老年人健康促进生活方式与社会支持、自我效能感相关性研究》，《上海交通大学学报（医学版）》2020年第1期。

57. 吕明阳、彭希哲、陆蒙华：《互联网使用对老年人就业参与的影响》，《经济学动态》2020年第10期。

58. 毛建茹：《人力资源开发：老年教育的一项重要使命》，《河北师范大学学报(教育科学版)》2017年第1期。

59.穆光宗、张团:《我国人口老龄化的发展趋势及其战略应对》,《华中师范大学学报(人文社会科学版)》2011年第9期。

60.穆光宗:《发展、和谐、共享:积极应对人口老龄化的战略思考——读〈全面建成小康社会积极应对人口老龄化〉一书有感》,《老龄科学研究》2016年第9期。

61.潘静静、程承坪:《中国低龄老年人力资源开发研究》,《当代经济管理》2013年第3期。

62.彭希哲、胡湛:《公共政策视角下的中国人口老龄化》,《中国社会科学》2011年第3期。

63.彭希哲:《老龄化背景下的人口年龄结构》,《上海交通大学学报(哲学社会科学版)》2023年第2期。

64.钱鑫、姜向群:《中国城市老年人就业意愿影响因素分析》,《人口学刊》2006年第5期。

65.宋健、王记文、秦婷婷:《孙子女照料与老年人就业的关系研究》,《人口与经济》2018年第3期。

66.宋晓莹、曹洁:《积极老龄化视域下社会网络对老年人再就业的影响效应研究》,《中国矿业大学学报(社会科学版)》2021年第4期。

67.田书芹、王东强、宋凡金、李宇:《城镇化进程中农村留守老年人力资源开发的治理策略》,《中国老年学杂志》2017年第11期。

68.童玉芬、廖宇航:《银发浪潮下的中国老年人力资源开发》,《中国劳动关系学院学报》2020年第2期。

69.童玉芬、刘志丽、宫倩楠:《从七普数据看中国劳动力人口的变动》,《人口研究》2021年第3期。

70.童玉芬:《就业原理》,中国劳动社会保障出版社,2011年。

71. 万海远、韩丽丽、申萌:《中国老年人低就业率成因:与俄罗斯的跨国比较》,《统计研究》2020年第4期。

72. 万芊:《城市低龄老年人再就业促进研究——基于上海市的调查》,《社会科学研究》2013年第6期。

73. 汪斌、郑家豪:《城市老年人经济参与的影响因素研究——基于多层Logistic回归模型》,《调研世界》2019年第2期。

74. 汪小勤、汪红梅:《"人口红利"效应与中国经济增长》,《经济学家》2007年第1期。

75. 王德文:《人口转变的储蓄效应和增长效应——论中国增长可持续性的人口因素》,《人口研究》2004年第5期。

76. 王丰、梅森:《中国经济转变过程中的人口因素》,《中国人口科学》2006年第3期。

77. 王红燕:《基于第二次人口红利理论的城市低龄老年人力资源开发路径》,《人力资源管理》2015年第11期。

78. 王金营、杨磊:《中国人口转变、人口红利与经济增长的实证》,《人口学刊》2010年第5期。

79. 王莉、王彦力:《我国老年人力资源开发探析》,《长沙大学学报》2010年第6期。

80. 王荣华、张艳、张倍倍等:《河南省部分农村老年人积极老龄化现状及其影响因素》,《解放军护理杂志》2019年第5期。

81. 王三秀:《积极老龄化理念的我国教育养老服务模式初探》,《中共浙江省委党校学报》2017年第1期。

82. 王垚芝、卢德生:《"积极老龄化"理论下养教结合社区老年教育路径探析》,《职教论坛》2020年第9期。

83. 王颖、邓博文、王建民:《第二次人口红利:概念、产生机制及研究展望》,《经济与管理研究》2016年第2期。

84.王兆萍、王典:《社会保障、代际支持如何影响城镇老年人退而不休?》,《人口与经济》2017年第3期。

85.王竹、陈鹏军:《延迟退休会挤占青年人就业吗?——基于19个行业的面板数据分析》,《经济体制改革》2019年第2期。

86.邬沧萍、彭青云:《重新诠释"积极老龄化"的科学内涵》,《中国社会工作》2018年第17期。

87.吴蕾、沈勤:《国外老幼结合养老模式及其对中国的启示》,《调研世界》2021年第3期。

88.伍麟、杨旸:《数字技术促进积极老龄化的心理价值》,《西北师大学报(社会科学版)》2021年第6期。

89.向游芳:《"老龄人口红利"的养老保障体系探讨》,《现代商贸工业》2011年第16期。

90.项凯标、江克花、张大林:《社会保障支出、地区差异与积极老龄化》,《华东经济管理》2022年第1期。

91.项鑫、王乙:《中国人口老龄化现状、特点、原因及对策》,《中国老年学杂志》2021年第18期。

92.谢立黎、汪斌:《积极老龄化视野下中国老年人社会参与模式及影响因素》,《人口研究》2019年第3期。

93.谢立黎:《中国城市老年人社区志愿服务参与现状与影响因素研究》,《人口与发展》2017年第1期。

94.邢占军、周慧:《性别视角下老年人时间利用:一个混合研究的结果》,《山东社会科学》2019年第2期。

95.许瑞媛、马丽华:《赋权增能:美国老年教育促进老年人社会参与的策略探究》,《职教论坛》2021年第8期。

96.［美］雅各布·明塞尔：《人力资本研究》，张凤林译，中国经济出版社，2001年。

97.闫薇：《积极老龄化视角下河北省老年人再就业意愿的影响因素及对策研究》，河北大学硕士论文，2020年。

98.杨菊华、史冬梅：《积极老龄化背景下老年人生产性资源开发利用研究》，《中国特色社会主义研究》2021年第5期。

99.杨鸣：《吉林省老年人再就业特征及其意愿的影响因素研究》，吉林大学硕士论文，2021年。

100.杨燕绥：《"创造"老龄人口红利》，《中国社会保障》2010年第5期。

101.于凌云、黄渺萍：《积极应对人口老龄化背景下老年教育政策优化路径研究——基于政策文本计量分析》，《成人教育》2022年第2期。

102.袁妙彧、方爱清：《积极老龄化视角下的新型社区养老院模式构建》，《学习与实践》2018年第2期。

103.袁文全、王志鑫：《老年人社会参与的法权建构及制度回应——基于积极老龄化框架的分析》，《吉林大学社会科学学报》2021年第4期。

104.袁文全、张亚炜：《退休后再就业劳动权益保护的法治困境及制度回应——以积极老龄化为视域》，《北京大学学报（哲学社会科学版）》2020年第5期。

105.原新：《积极应对人口老龄化是新时代的国家战略》，《人口研究》2018年第3期。

106.张海茹、李茜、易子涵等：《社区老年人积极老龄化水平及影响因素》，《中国老年学杂志》2021年第23期。

107.张戍凡：《老年人力资源开发的结构动因、困境及消解路径》，《南京师大学报（社会科学版）》2011年第6期。

108.张燕婷、董克用、王丹：《持续推进养老金制度建设 积极应对人口老龄化》,《中国行政管理》2020年第5期。

109.张宇、黄松、黎永泰:《面对"银色浪潮"的选择——浅析低龄老年人力资源的利用与开发》,《特区经济》2005年第5期。

110.赵丽清:《中国城市老年人力资源开发影响因素的实证研究:以全国统计数据为例》,《社会科学家》2015年第11期。

111.赵娜、谭天:《社交媒体中的积极老龄化探析——基于马斯洛需求层次理论》,《新闻爱好者》2021年第3期。

112.赵一凡、易定红、赵依兰:《养老保障对老年人就业的影响:基于中国老年社会追踪调查数据的实证研究》,《中国人力资源开发》2022年第3期。

113.郑爱文:《基于异质性视角的低龄高智老年人力资源开发利用探析》,《北方民族大学学报(哲学社会科学版)》2019年第4期。

114.郑真真:《从性别视角看积极应对人口老龄化——聚焦老龄社会的性别红利》,《妇女研究论丛》2021年第2期。

115.周兰姝:《我国老龄化背景下残疾态势分析及基于健康老龄化理论的预防策略思考》,《解放军护理杂志》2022年第1期。

116.朱荟、陆杰华:《积极应对老龄化国家战略的理念突破、脉络演进与体制再构》,《中国特色社会主义研究》2021年第2期。

117.朱火云、黄雪山:《积极老龄化态度:个体差异、组群效应、时代变迁》,《社会保障研究》2020年第3期。

118.朱怡洁:《综合施策积极应对老龄化》,《宏观经济管理》2019年第6期。

119.祝慧琳、曾湘泉、毛宇飞:《子女租房对老年人就业的影响——来自中国老年社会追踪调查的证据》,《学术研究》2019年第6期。

120.邹华康、翟振武:《养老保障对老年人就业的影响及其城乡差异研究》,《老龄科学研究》2019年第9期。

二、外文文献

1.Ahn, T., Employment and Health Among Older People: Self-Employment vs. Wage Employment, *Applied Economics Letters*, 2020, 27(19): 1574-1580.

2.Backes Gellner U., Veen S., Positive Effects of Ageing and Age Diversity in Innovative Companies—Large-Scale Empirical Evidence on Company Productivity, *Human Resource Management Journal*, 2013, 23(3): 279-295.

3.Barbabella Francesco et al., New Multilevel Partnerships and Policy Perspectives on Active Ageing in Italy: A National Plan of Action, *International Journal of Environmental Research and Public Health*, 2020, 17(24): 9585-9586.

4.Cai Fang and Dewen Wang, China's Demographic Transition: Implications for Growth, in Garnaut and Song (eds.), *The China Boom and Its Discontents*, Canberra: Asia Pacific Press, 2005.

5.Cattan M., Hogg E., Hardill I., Improving Quality of Life in Ageing Populations: What can Volunteering Do?, *Maturitas*. 2011, 70(4): 328-332.

6.Chan, H. H., Leng, L. T., Active Aging through Later Life and Afterlife Planning: Shukatsu in a Super-Aged Japan, *Social Sciences*, 2022, 11(1): 3.

7.Cook J., The Socio-economic Contribution of Older People in the UK, *Working with Older People*, 2011, 15(4): 141-146.

8.Elena, B., Marsillas, S., Buffel, T., et al., From Active Aging to Active Citizenship: The Role of (age) Friendliness, *Social Sciences*, 2018, 7(8).

9.FAN Zhenghui, The Benefits of Elderly Education in the Context of Active Ageing, *Higher Education of Social Science*, 2020, 19(2): 42-46.

10. Geneva. WHO. Active Ageing: Policy Framework, World Health Organization, 2002.

11. Kajitani S., Working in Old Age and Health Outcomes in Japan, *Japan and the World Economy*, 2011, 23(3): 153–162.

12. Kasarkina, E. N., Antipova, A. A., *Law Enforcement Practices of Employment of Elderly People in the Modern Society Context*, Les Ulis: EDP Sciences, 2021.

13. Maimaris W., Hogan H., Lock K., The Impact of Working beyond Traditional Retirement Ages on Mental Health: Implications for Public Health and Welfare Policy, *Public Health Reviews*, 2010, 32(2): 532–548.

14. Min, D., Cho, E., Patterns in Quality of Life According to Employment among the Older Adults: The Korean longitudinal Study of Aging (2008–2014), BMC Public Health, 2018: 18.

15. OECD (2017), Preventing Ageing Unequally, https://www. oecd-ilibrary.org/employment/preventing-ageing-unequally_9789264279087-en.

16. OECD (2019), Working Better with Age, https://www.oecd.org/employment/working-better-with-age-c4d4f66a-en.htm.

17. OECD (2022), Pensions at a Glance Asia-Pacific 2022, https://www. Oecd-ilibrary. org/finance-and-investment/pensions-at-a-glance-asia-pacific-2022_2c555ff8-en.

18. OECD (2023), LFS by Sex and Age-Indicators, https://stats.oecd.org/viewhtml.aspx?datasetcode=LFS_SEXAGE_I_R&lang=en.

19. Paúl, Constaca, et al., Active Ageing: An Empirical Approach to the WHO Model, *Current Gerontology & Geriatrics Research*, 2012, 2012(1).

20. Petchdee, K., Approaches to Enhancing the Potential of Elderly Work-

ers in the Workplace, *Academy of Entrepreneurship Journal*, 2022(28): 1-9.

21.Socci, M., Clarke, D., & Principi, A., Active Aging: Social Entrepreneuring in Local Communities of Five European Countries, *International Journal of Environmental Research and Public Health*, 2020, 17(7): 2440.

22.Taina, R., Erja, P., Katja, K., et al., Developing an Assessment Method of Active Aging: University of Jyvaskyla Active Aging Scale, *Journal of Aging and Health*, 2019, 31(6): 1002-1024.

23.Takashi Oshio, Satoshi Shimizutani, Akiko S. Oishi, Examining How Elderly Employment is Associated with Institutional Disincentives in Japan, *Journal of The Japanese and International Economies*, 2020: 56.

24.Varlamova, M., Ermolina, A., Sinyavskaya, O., Active Ageing index as an Evidence Base for Developing a Comprehensive Active Ageing Policy in Russia, *Journal of Population Ageing*, 2017, 10(1): 41-71.

25.Vu Tuan Pham, et al., Adaptation and Validation of Active Aging Index Among Older Vietnamese Adults, *Journal of Aging and Health*, 2020, 32(7-8): 604-615.

26.Yiing, J. L., Ee, S. L., Senadjki, A., Health Promotion and Active Aging among Seniors in Malaysia, *Journal of Health Research*, 2021, 35(5): 444-456.

27.Yuji, K., Hideo, O., *Peer Effects on Job Satisfaction from Exposure to Elderly Workers*, St. Louis: Federal Reserve Bank of St Louis, 2020.

28.Zaidi A., Gasior K., Hofmarcher M. M., et al., *Active Ageing Index 2012*, Vienna: European Centre, 2012.

29.Zhukovska, A., Dluhopolskyi, O., Zheliuk, T., et al., "Silver Economy": Analysis of World Trends And Forecast for KRAINE, *Journal of Management Information and Decision Sciences*, 24(7): 1-12.